editionWelttag

Der Welttag des Buches wurde von der UNESCO im Jahr 1995 eingeführt. Am 23. April, dem Todestag von Shakespeare und Cervantes, stehen Bücher und Buchhandlungen im Mittelpunkt öffentlicher Veranstaltungen und der Medienberichterstattung. Die Entscheidung der UNESCO wurde in vielen Ländern begeistert aufgegriffen.

Die editionWelttag präsentiert jährlich einen ganz besonderen Text eines Autors in einer herausragenden Ausstattung. Die Bände der editionWelttag erscheinen exklusiv zum Welttag des Buches und sind nur kurze Zeit im Handel erhältlich. Die Auflage ist limitiert. Für Sammler ergibt sich so die Möglichkeit, eine repräsentative Bibliothek mit wichtigen Autoren des 21. Jahrhunderts aufzubauen.

Der Börsenverein des Deutschen Buchhandels in Zusammenarbeit mit dem P.E.N.-Zentrum Deutschland ist Herausgeber der editionWelttag. Einen Teil der Erlöse aus dem Verkauf der editionWelttag kommt verfolgten Autoren in aller Welt zu Gute.

Günter Grass
Fünf Jahrzehnte

Ein Werkstattbericht

Herausgegeben von G. Fritze Margull

editionWelttag

Für Laura

Ein Werkstattbericht

Die Unbedenklichkeit des Neunzehnjährigen machte es mir im Winter 1946/47, diesem Winter ohnegleichen, in dem die Frierenden hungerten und die Hungernden im Bett froren, möglich, alles auf eine einzige Wunschkarte zu setzen: Bildhauer wollte ich werden; doch die Kunstakademie Düsseldorf hatte wegen Kohlenmangels geschlossen. Also ließ ich mich vorerst in zwei Grabsteinbetrieben als Steinmetz und Steinbildhauer ausbilden. Mit Arbeiten in Sandstein, Marmor und Muschelkalk, die verschollen sind, und mit Porträtzeichnungen alter Männer, die ich im Caritas-Heim Düsseldorf-Rath, meinem Schlafplatz in einem Zehnbettzimmer, gezeichnet hatte, schaffte ich zum Wintersemester 1948/49 die Aufnahme in die Akademie. Da diese Zeichnungen gleichfalls bei irgendeinem meiner späteren Umzüge verschüttgingen, ist nur der Bronzeguß einer damals als Erstsemester-Arbeit modellierten und in Gips abgegossenen Skulptur, das neunzig Zentimeter hohe »Mädchen«, geblieben,

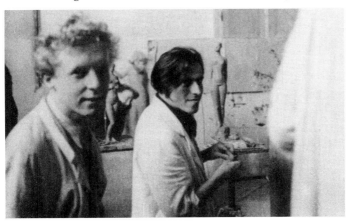

Kunstakademie Düsseldorf, 1948/49

zudem Fotos von begonnenen Arbeiten und der Gipsabguß eines kleinen Reliefs: Kreuzigung, ein Thema, das mich Anfang der siebziger Jahre mit einer Radierung (»Schnecke am Kreuz«) einholen und Mitte der achtziger Jahre in Gestalt von gekreuzigten Ratten (»Golgatha«) zu Zeichnungen und Radierungen führen wird.
Die Düsseldorfer Kunstakademie war in jenen Jahren geprägt von lehrenden Künstlern wie Ewald Mataré und Otto Pankok. Nach den ersten Semestern bei Sepp Mages wechselte ich zu Pankok, der mich durch seine konsequente politische Haltung – Pankok war bis in seine Holzschnitte hinein ein deutlicher Pazifist – mehr geprägt hat, als ich damals wahrhaben wollte.
Die beginnenden fünfziger Jahre brachten die ersten Reisepässe. Also zog ich, wie tausend Gleichaltrige auch, gen Süden. Dem überlieferten deutschen Trampelpfad folgend, führte die Reise nach Florenz, Perugia, Rom, Palermo ... Aus den Semesterferien 1951 hat sich mein »Italienisches Skizzenbuch« gerettet. Ich reiste per Autostopp, lebte, weiß nicht wovon, zeichnete und schrieb Gedichte, die, nie veröffentlicht, jetzt erst mit den Skizzen auf den Tisch kommen und fremd geworden sind.

Aus dem italienischen Skizzenbuch, 1951

Tanz der Kakteen.
Weiß hält der Mörtel
Bräunlichen Tuff.
Mittags sind alle Bettler
Aus Stein.

Im Brunnen kühlen
Glühende Mütter
Die dunklen Hände.
Sie schreiten mächtig,
Von Krügen gekrönt.

Da, der König ohne Schatten
Legt sich aufs Dach,
Atmet durchs Fenster,
Steht schon im Garten,
Nun verstummt auch die Grille.

Den Skizzen folgten auf unregelmäßig gerissenem Packpapier getuschte und mit trockenem Pinsel gewischte Zeichnungen, die immer wieder Motive der Italienreise aufnahmen und sich, wie auch die danach geschriebenen Gedichte, allzuschnell zur Idylle rundeten.
Erst die Autostoppreise nach Frankreich im folgenden Jahr führte zu einem anderen Strich oder genauer: hatte eine andere Manier zur Folge. Bis auf die Ausnahmen spontaner Zeichnungen folgte das Skizzenbuch diesem selten abbrechenden, alles miteinander verknotenden Strich. Anders die Aquarelle, die von direkter Begegnung mit der (inzwischen musealen) Pariser Moderne lebten. (Manchmal wünschte ich, es könnte mir heute, nach vier Jahrzehnten, gelingen, abermals so unbekümmert mit dem Aquarellpinsel umzugehen.) Die während der Frankreichreise entstandenen Gedichte folgten gemischten Einflüssen, lebten vom Pathos des ins Komische umgedeuteten Existentialismus und geben den späteren Blechtrommler Oskar Matzerath zu erkennen, wenn auch als krasses Gegenstück zum Säulenheiligen umgepolt.

Nach der Italienreise, 1951/52 (oben links),
Torso, Gips, 1951 (oben rechts), Italien 1951 (unten)

Daß mich das Licht
Nicht nur halbwegs beschieße,
Stand ich so auf,
Bot ein fröhliches Ziel,
Wenn mich des Morgens
Wimmelnde Pfeile
Schmückend versuchten.
Derber lacht es kein Hahn.
Mein Hut ist ein Sieb.
Mein Knie wessen Kugel.
Hoch auf der Säule
Wechsle ich lautlos die Beine.

Aus dem Skizzenbuch der Frankreichreise, 1952

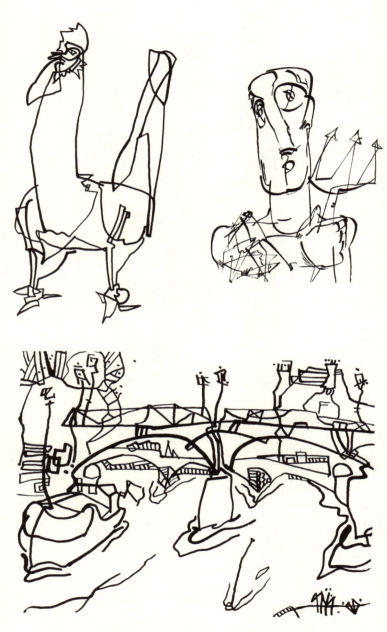

Hühnerzeichnung, 1951/52 (oben links), Skizze, Düsseldorf/Berlin, 1952/53 (oben rechts), Aus dem Skizzenbuch der Frankreichreise, 1952 (unten)

Noch deutlicher ist der Hinweis auf »Die Blechtrommel« in einem »Frühling« genannten Gedicht, das zu dem endlosen, nie beendeten Säulenheiligen-Zyklus gehört, doch nach der Rückkehr aus Frankreich geschrieben wurde und die Düsseldorfer Butzenscheibenwirklichkeit der frühen fünfziger Jahre antippt.

Frühling

Ach, nur ein pockiger Bengel
Schlug auf den Rand seiner Trommel.
Ein Baum und noch einer
Tönt wider: gelbe Gebrechen.
Seht meine Liebste.
Ihr Leib schwitzt Zucker und Salz.
Ihre Brüste: heillose Zwiebeln.
So kam's, daß ich weinte.
Draußen, im gläsernen Kasten,
Brüllende Hochzeit der Affen.
Unermüdlich vorm Zelt
Pendelt ein grämlicher Schlager
Und lockt mit der Hand in der Tasche.
Mürrisch putzt der Tyrann seine Zähne.
Nichts mehr zu beißen.
Friedlicher Pudding.
Hinter Butzenscheiben
Sitzen er und sein Zahnweh.
Hunger fängt sich drei Fliegen.
Sie schmecken
Wie Pfeffer und Salz.
Frühling?
Ach, nur ein pockiger Bengel
Spuckte vielfarbig ins Gras.

Diesen aus Frankreich mitgebrachten, keine Unterbrechung duldenden Strich, der in den Gedichten jener Zeit

dem Aufmarsch von Metaphern entsprechen mag, die einander auf die Hacken treten, blieb weiterhin in Übung, wie eine Vielzahl Porträtzeichnungen beweist; und auch die ersten Hühner – ein Thema, das Folgen haben wird – leben zwar von Anschauung, doch mit Vorzug vom schier endlosen Strich. Anders die Skizzen nach Straßenszenen: bekleidete Frauen oder die Frau mit Kinderwagen, die Anstoß zu Skulpturen hätten geben können, aber nicht gaben; es blieb bei den modellierten nackten Mädchen, bei Spiel- und Standbein.
Das Notwendigste verdiente ich als Mitglied einer dreiköpfigen Jazzband, der ich mit Fingerhüten auf blechernem Waschbrett Rhythmen beisteuerte. Wenn das Düsseldorfer Altstadtlokal, in dem wir dreimal wöchentlich spielten, schloß, graute oft schon der Morgen. Auf dem Heimweg wird dieses Gedicht entstanden sein:

Im Hofgarten

Frühmorgens.
Pausenlos klingeln die Schläfen.
Sucht er im raschelnden Park?
Zählt er noch duftende Bänke?
Es dreht sich die Zeitung.
Leicht ist ein Tag.
Dann, mit dem einen Finger
Rührt er im Bier.
Leise knistern
Die Risse
Böser Vergleiche.
Schwarz-weiß pendeln die Kellner.

So angestrengt sich Düsseldorf – und mit der Stadt die Kunstakademie – darum bemühte, nicht nur als neureich, vielmehr als Klein-Paris zu gelten, die Frankreichreise hatte außer einer strapazierfähigen Manier auch die Ein-

sicht eingebracht, daß mir ein fordernder Lehrer fehlte. Ortswechsel war angesagt. Das genialisch Leichtfertige lief aus. Nüchternheit war vonnöten. Außer der Mappe mit Zeichnungen und Gedichten nahm ich nur die Hebammentasche voller Werkzeug, das Hemd, die Socken zum Wechseln nach Berlin mit. Über den Bildhauer und Maler Ludwig Gabriel Schrieber, der gleichfalls, wenn auch aus anderen Gründen, Düsseldorf aufgab, bewarb ich mich bei Karl Hartung, dem Lehrer meiner Wahl.
Berlin brachte mir Realität bei, auch fand ich Anna. Als Student der Hochschule für Bildende Künste lebte ich von monatlich 50,– DM Stipendium, gezahlt von der Knappschaftskasse meines Vaters, der nicht mehr Kaufmann, sondern, weil Ostflüchtling, Bergmann war. Natürlich brachte mir Berlin nicht Knall auf Fall Realität bei. Es dauerte, bis ich auf Gegenstände fixiert war; und auch Anna kam nach und nach. In Gedichten allerdings, '53 geschrieben, ist sie schon anwesend.

Kirmes

Mit den Knöpfen magerer Mädchen
sind die Gewehre geladen.
Eines Walzers endlose Laune

Jazztrio Grass, Scholl, Geldmacher, Düsseldorf 1951/52

füttert hölzerne Pferde.
Muskeln laufen auf Schienen,
des müden Athleten geeichte Gewichte,
Herkules hebt sie in freundlichen Himmel
hoch, bis zum Beifall.
Der Schatten der Schaukel
trägt einen Berg ab.
Sankt Anna paßt auf,
daß niemand vom Seil fällt.

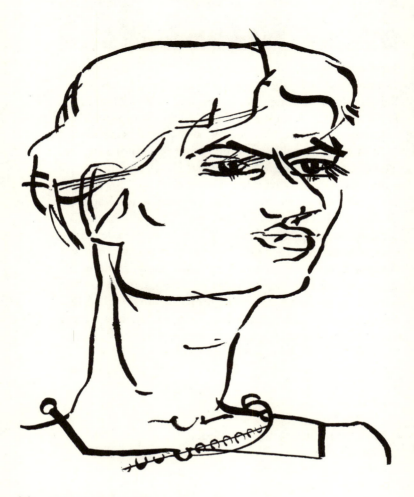

Porträt Anna, 1953

Zuspruch für Anna

Hab keine Angst.
Solange es regnet,
wird niemand bemerken,
daß deine Puppen weinen.

Fürchte dich nicht.
Ich habe den Revolver entmündigt,
alles Blei gehört uns,
wir könnten die Uhr damit füllen.

Hab keine Angst.
Ich werde die Geräusche fangen,
in kleine Schachteln sperren
und zur Post bringen.

Fürchte dich nicht.
Unsere Namen hab ich verkleidet.
Niemand soll wissen, wie wir uns nennen,
wenn wir uns rufen.

Es war nicht leicht, meinen Lehrer Karl Hartung von meiner Fixierung aufs Gegenständliche zu überzeugen, obgleich sein oft wiederholter Lehrsatz »Natur, und doch bewußt!« bei mir Gehör fand. Damals tobte in Berlin zwischen gegenständlich Figurativen und informell Gegenstandslosen ein erbitterter Kampf, der auch mit dem Tod Karl Hofers kein Ende fand und gegenwärtig, seit der Vereinigung nicht nur der beiden deutschen Staaten, vielmehr auch des westdeutschen Kunstbetriebs mit der ostdeutschen Betriebslosigkeit, abermals auflebt. – Waren die Landschaftsaquarelle und Stilleben von Ludwig Gabriel Schrieber beeinflußt, versuchten sich die Zeichnungen zunehmend in Selbständigkeit: Vögel, Hühner und Hähne, auch als Skulptur und Motiv erster Radierungen.

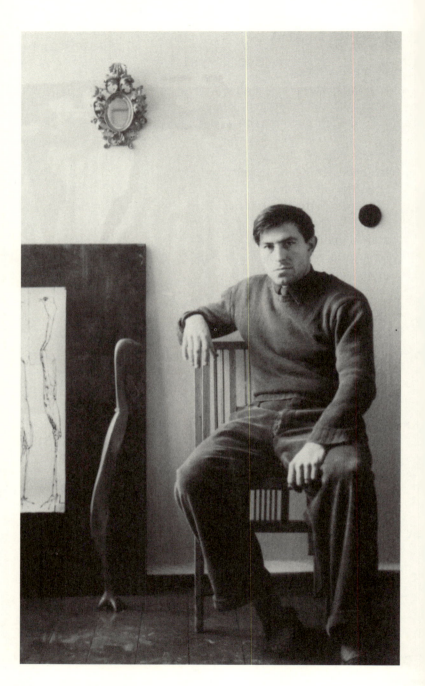

Berlin 1955

Auch wenn ich zwischendurch Fische zeichnete, so den ersten Butt – meine Hauptnahrung, grüne Heringe, kosteten damals fünfunddreißig Pfennig das Pfund –, dominierten die Hühner bis in das Titelgedicht des ersten Bandes »Die Vorzüge der Windhühner«, Gedichte und Zeichnungen in englischer Broschur. Bereits vor dieser Erstveröffentlichung wurde ich von der »Gruppe 47« eingeladen. Ich las und fand Zuhörer; von dem unter zukünftigen Schriftstellern seltenen Glück geschlagen, keinen Verleger suchen zu müssen, kam der Luchterhand Verlag in Gestalt des Lektors Peter Frank ins Haus (eine Kellerwohnung in der Königsallee) und gab mir Zeit, mit ungezählten Skizzen dem zugesagten Gedichtband vorzuarbeiten.

Während in den Jahren zuvor Zeichnen und Schreiben verschiedene Wege gingen, durften sich nun zum ersten Mal beide Disziplinen in phantastischer Gegenständlichkeit üben; sie lebten von einer Tinte.

Nicht alle Gedichte fanden Platz in dem Band. Eines, das unveröffentlicht blieb, liest sich wie eine Anspielung auf Kafka.

»Stilleben mit Kastanien« (Aquarell), Tessin 1955

Unter der Treppe

Nüchterne Stufen schnitten die Engel.
Unter der Treppe blieb Platz,
sprechend niederzukommen.

Reste im Schmalz,
deutlich getönt
von verschiedenem Gericht.

Ein flüchtiges Glas,
im März behaucht.
So blieb es stehen, bestand, halbvoll.

Unter der Treppe verschränkt
den kleinen Nagel bewachen,
daran die Zettel trocknen.

»Huhn«, Bronze, 1956

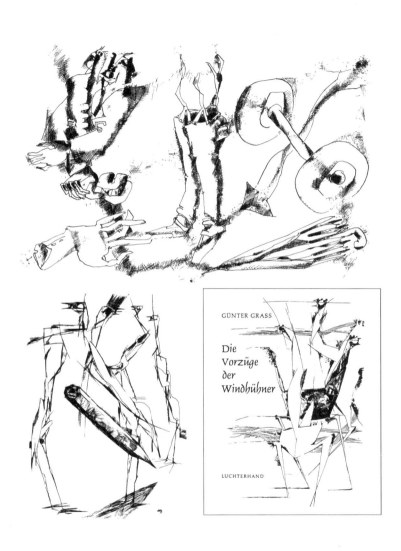

Skizzen zu »Die Vorzüge der Windhühner«, 1955/56, und Buchumschlag, 1956

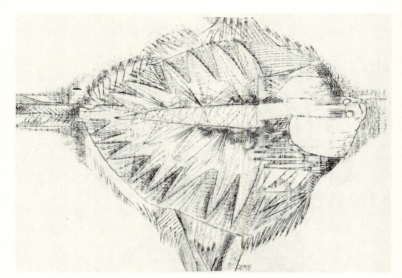

1955/56. Ich hatte mich freigeschrieben. Die Jury des Künstlerbundes lehnte meine Zeichnungen ab, weil sie gegenständlich waren. Keine Kunstschule konnte mich mehr halten. Und befreit vom Wust der Genitivmetaphern, schrieb ich in rascher Folge Theaterszenen, Einakter, das erste Stück, »Hochwasser«, von dem schon in den »Windhühnern« ein Gedicht erzählt. Es folgten die Stücke »Onkel, Onkel«, »Die bösen Köche«, »Zweiunddreißig Zähne«, der Einakter »Noch zehn Minuten bis Buffalo« und Zeichnungen zu den Stücken, die, versammelt in einem Buch, Theateraufführungen hätten erwarten sollen. Es kam vorerst zu keiner Premiere. Und auch das Buch reifte nicht aus. Es kam ganz anders: Ortswechsel stand an. Anna und ich zogen um nach Paris; sie nahm ihre Ballettschuhe mit, ich hatte angefangene Prosa mehr im Kopf als im Gepäck. Aber auch politische Erfahrung ging mit auf die Reise: was ich am 17. Juni 1953 vom Potsdamer Platz aus gesehen hatte und was erst zwölf Jahre später ein Theaterstück, »Die Plebejer proben den Aufstand«, auslöste. Der tägliche Umgang mit der (noch ohne Mauer) geteilten Stadt: S-Bahnfahrten, die Reisen im Interzonenzug mögen, kurz vor oder nach der Ab-

»Butt« (Fettkreide), 1955

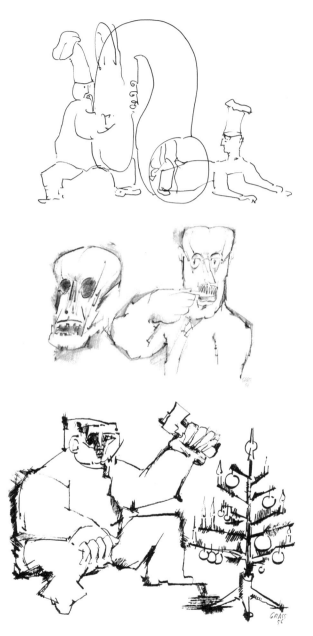

Szenenskizze (Tinte) zu »Die bösen Köche«, Uraufführung Berlin 1961 (oben), Fettkreidezeichnung zu »Zweiunddreißig Zähne«, 1957 (Mitte), Fettkreidezeichnung zu »Onkel, Onkel«, 1956 (unten)

reise Richtung Paris, ein Gedicht provoziert haben, das mit der Schnüffelpraxis der östlichen Staatsmacht und ihrem Organ, der Volkspolizei, spielerisch umging:

Kontrolle

Aussteigen mußten wir alle,
die Koffer mit Schlüsseln öffnen
und zeigen, was innen geschieht:

Den Knoten im Handtuch lösen,
die Schuhe als Schuhe beweisen,
drei linke Strümpfe, zwei rechts.

Ein Buch, ohne Widmung verdächtig.
Warum sind die Taschentücher
so unregelmäßig bestickt?

Den Kamm ließ man schnurren: aufs Tonband.
Die Zahnbürste sollte versprechen,
was unsere Zunge verschweigt.

»Vogel, Blitz und Ballerina« (Feder), 1955

Und dennoch hatten wir Glück: das Herz
lag zwischen den Hemden
und duftete harmlos nach Seife.
(Auch hatte niemand bemerkt, daß wir
den Tabak rollen im dünnen Papier,
daß Tabak, zur Zigarette gedreht,
gleich drüben – als Rauch – ihre Festung verrät.)

In Paris angekommen, setzte, nach langwieriger Wohnungssuche, Anna ihre Ballettausbildung fort, und ich legte im Heizungsraum unserer Zweizimmerwohnung Plastiken an, die bald eintrockneten, denn die Arbeit am Prosamanuskript unter wechselnden Titeln – »Der Trommler«, »Der Blechtrommler«, schließlich »Die Blechtrommel« – ließ dem Bildhauer keine Zeit. Doch Zeichnungen für Ballettlibretti, »Die Vogelscheuchen«, »Die Gans und fünf Köche«, entstanden, wobei die gezeichneten Vogelscheuchen später vom ersten bis zum dritten Buch den Roman »Hundejahre« bevölkerten. In einer Lithographiewerkstatt auf dem rechten Seineufer entstanden erste Zeichnungen auf Stein. Die schwierige Freundschaft mit Paul Celan, die praktische Freundschaft mit Harry Kramer, dessen mobile Figuren meinen Vogelscheuchen zur Mechanik verhalfen. Und natürlich fielen Verse ab, zum Beispiel die Variante eines später gedruckten Gedichts unter dem Titel:

Skizze (Tusche/Feder) für das Ballett »Die Vogelscheuchen«, 1957/58

Narziß

Wohin noch den Schoßhund
und ohne Leine
spazieren führen?

Er kratzt an der Tür,
pißt auf die Dielen,
bis ich mich spiegle.

Schön bin ich.
Das sagt mein Hund, der mir treu ist.
Dumm sind wir beide – aber unsterblich.

Oder Drei- bis Fünfzeiler kamen zu Papier: Gelegenheitsgedichte, wie ich insgesamt (und programmatisch) meine lyrische Produktion nannte; betont im Gegensatz zur »experimentellen Lyrik«.

Ohne Schirm

Als es stärker regnete,
begann eine alte Frau zu weinen.
Die vorbeifahrende Polizeistreife
rief ihr zu: Nehmen Sie sich zusammen.
Es regnet nicht Ihretwegen.

Außer der einen zufällig geretteten Zeichnung, etlichen Skizzen, die Krankenschwestern und Aale paaren, und den Entwürfen zum Buchumschlag gibt es nichts Gezeichnetes zum ersten Roman. Als nach dreieinhalb Jahren anhaltender Schreibarbeit »Die Blechtrommel« als Buch erschien, hatte ich mir in meinem Atelier, dem Heizungsraum, etwas eingefangen, das, Tuberkulome genannt, in der Lunge Knötchen bildete, aber kurierbar

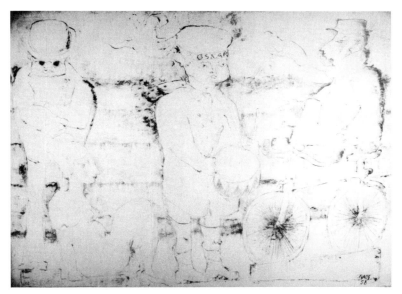

war, nannte ich mich – ab Manuskriptseite 500 – Vater zweier Söhne, die Franz und Raoul heißen, wurde ich nach Erscheinen des Buches »berühmt«, aber auch »berüchtigt« genannt, war General de Gaulle an die Macht gekommen, gab Paris, wo ich ohnehin nur Ausländer und kaum Franzosen kannte, nichts mehr her und erwogen wir zum Frühjahr 1960 die Rückkehr nach Berlin: Jetzt war ja Geld genug da und Lust auf Gedichte nach neuen Gelegenheiten:

Gegenaktionen

Ich wiederhole mich ungern,
sagte der Papagei: Ich
wiederhole mich ungern.

Gott ist beweisbar,
sagte der Priester, stieg auf sein Fahrrad
und trat den Beweis an.

Kohlezeichnung zu »Die Blechtrommel«, 1958

Die Tinte trägt Schuld,
sagte der Richter
und unterschrieb.

Mein Kopf schmerzt,
sagte ich
und zog die Schuhe aus.

Der zweite Gedichtband, noch in Paris geplant, sollte »Im Ei« heißen; dann setzte sich Berlin durch: »Gleisdreieck«.
Parallel zur Arbeit an dem in der Normandie spielenden Kapitel der »Blechtrommel«, dann bei Prosaversuchen in Richtung »Hundejahre«, entstanden noch in Paris die ersten Nonnenzeichnungen und Nonnengedichte. Besonders gefielen mir die Flügelhauben der Vinzentinerinnen. Auch das veröffentlichte »Kinderlied« und die nicht in den Gedichtband passenden »Kinderreime« sowie weitere absurde Lebensweisheiten entstanden noch in der Avenue d'Italie 111 neben dem Koksofen:

Das kommt vom Lachen. Kommt davon,
wenn man die Treppen aufwärts fegt,
wenn man Gefühle überlegt
und lacht, wenn uns das Eis nicht trägt.

Vom Lügen kommt es. Kommt davon,
wenn man bei Gegenwind den Ofen schilt,
wenn man den Spiegel küßt, sein Spiegelbild
belügt und Schonzeit fordert, wie fürs Wild.

Manuskript mit Federzeichnung zu »Zauberei mit den Bräuten Christi« aus »Gleisdreieck«, Berlin 1960

Das kommt davon. Es kommt vom Weinen,
wenn Hemden doppelt und die Gabel quer,
wenn wir vom Lachen, Lügen leer
und leergeweint sind: folgenschwer.

Wenn die »Windhühner« spitze Federzeichnungen forderten, verlangten die Zeichnungen für den Band »Gleisdreieck«, wie schon die Köche, entworfen für das 1961 in Berlin uraufgeführte Theaterstück »Die bösen Köche«, nach schwarzer Fettkreide. Zugleich machten sich in großformatigen Tuschzeichnungen die Nonnen selbständig. Ich muß – kaum in Berlin wieder angekommen – mehrere Vorhaben gleichzeitig betrieben haben: das Ballett »Stoffreste« zur Musik von Aribert Reimann, die mißglückte erste und nach dreihundert Seiten abgebrochene Fassung von »Kartoffelschalen« und den Versuch, ein sperriges Kapitel aus der Konkursmasse des gescheiterten Projekts zur Novelle zu entwickeln, die anfangs »Der Ritterkreuzträger« hieß. Hinzugezählt seien Gedichte, die zu Recht oder zufällig in der Schublade blieben, wie dieses:

»Betende Nonne« (Tusche), Berlin 1960

Irrtum

Da liegt ein Gedicht in der Luft
oder ein Glied aus der Kette,
die vorletzte Zigarette.

Ich denke an eine Scholle,
lege mich flach auf den Grund
und scheuer mich unterhalb wund.

Am Ende sitz ich am Tisch.
Neben mir will meine Schere
Papier abschneiden und Ehre.

Papier und Tabak sind billig.
Der Aufwand ist schnell verpufft.
Es lag kein Gedicht in der Luft.

Keine Gedichte mehr, nur noch Prosa. Dazu viele Pläne, die, kaum entworfen, durch neue Aufrisse und unter wechselnden Arbeitstiteln hinfällig wurden: Der Knirscher. Die Vogelscheuchen. Kartoffelschalen ... Entsprechend die Zeichnungen: auf Nonnen, versammelte Vögel,

Entwurf und Buchumschlag, Berlin 1960

auf Scheuchen fixiert, unter ihnen Karikaturen, die Bismarck und Ulbricht in neuer Funktion zeigen. Das alles im zweiten Stock eines halbseitig während des Krieges zerstörten Hauses, das später abgeräumt wurde: Berlin-Schmargendorf, Karlsbader Straße 16. Eine Viereinhalbzimmerwohnung, zu der, nach der Sonntagsgeburt der Tochter Laura, ein Atelier unterm Dach angemietet wurde. Im Erdgeschoß eine Tischlerei, eine Wäschemangel. Dennoch kam uns die Halbruine mehr von Tauben als von Menschen bewohnt vor. Wir lebten ohne Telefon zeitweilig glücklich.

Als im Herbst '61 die Novelle »Katz und Maus« erschien, nahm unaufhaltsam die Post zu; nicht mehr allein zu

Tuschzeichnung »Ritter und Nonnen« zu »Hundejahre«, Berlin 1960 bewältigen. Dieser Notstand hielt zwei Jahre lang an, während ich in neuer Fassung abermals den Roman anging, der sich zu »Hundejahre« auswuchs. Jetzt erst begann Eva Hönisch, die damals noch Genée, geborene Kuchenbecker hieß, beim Abtragen der Postberge zu helfen; demnächst werden wir unser Betriebsjubiläum, die runde Zahl Dreißig, feiern.

Hier finden sich auch erste Notizen zum Thema »Vatertag«, der als Stoff für einen Film Dokumentaraufnahmen vom Himmelfahrtstag '64 provozierte. Aus dem Film, Produzent Hansjürgen Pohland, wurde nichts. Doch drängte Pohland, nach der Novelle »Katz und Maus«

Atelier Karlsbader Straße, während der Arbeit an »Der Knirscher«, später »Hundejahre«, Berlin 1962

einen Film zu machen, bei dem eigentlich Walter Henn Regie führen sollte. Henn starb; aber der Komplex »Vatertag« hing weiterhin an, bis ich zehn Jahre später Lust auf die nächste epische Geröllwanderung hatte: »Der Butt«.

Die Arbeit am Buchumschlag begann jeweils immer erst dann, wenn das Manuskript in den Satz gegangen war und die Korrekturfahnen noch nicht vorlagen. Dieser entspannende Vorgang, das heißt die Entwicklung des Umschlages aus einer Vielzahl Entwürfe, schützte davor, in jenes berüchtigte Loch zu fallen, das allen Schriftstellern gähnt, sobald sie ihrem Roman oder ihrer Erzählung den Schlußpunkt gesetzt haben. Da sich meine Arbeits-

Umschlagentwurf »Der Ritterkreuzträger«, später »Katz und Maus«, Berlin 1961

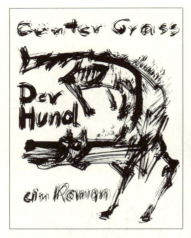 

methode beim Herstellen von Prosatexten von Erfahrungen ableitet, die ich früh, als Steinbildhauer, der sich ständig rundum vor einen Block gestellt sieht, gesammelt hatte, sind meine erzählenden Texte immer in mehreren Fassungen nacheinander entstanden, weshalb die Oberfläche der epischen Gebilde rauh bleiben und bis in die Fahnenkorrekturen hinein Veränderungen hinnehmen mußte.

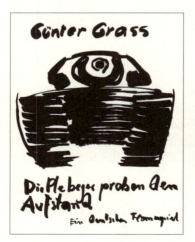 

Umschlagentwürfe »Der Hund«, später »Hundejahre«, Berlin 1963 (oben), Umschlagentwürfe zu »Die Plebejer proben den Aufstand«, Berlin 1965 (unten)

Doch mit »Hundejahre« war, nach »Die Blechtrommel« und »Katz und Maus«, ein siebeneinhalb Jahre lang anhaltender Schreib- und Veränderungsprozeß abgeschlossen. Die Erzählhaltung wechselnder Erzähler, die alle mit rückwärts gewendetem Blick Zeit aufzuholen versuchten, erwies sich als erschöpft; es sei denn, der Autor hätte sich, seinen späteren Kritikern folgend, zur Wiederholung entschlossen.
Die ersten Berlinerfahrungen des Jahres '53 schlugen durch. Aus einem Vortragstext über Shakespeares »Coriolanus« und Brechts Bearbeitung »Coriolan« entwickelte sich die Idee für ein deutsches Trauerspiel, »Die Plebejer proben den Aufstand«, ein Theaterstück übri-

gens, das die Unvereinbarkeiten und heillosen Brüche des deutsch-deutschen Einheitsprozesses seit dem November 1989 früh benannt hat, Widersprüche, die leider nicht widerlegt worden sind. – Der Umschlag zum gedruckten Text fiel lapidar aus.

Da wohnten wir schon in Berlin-Friedenau. Und noch heute ist mir mein Atelier in der Niedstraße ein Raum, in dem ich mich sogleich – kaum angekommen – versammeln und konzentrieren kann: aufs Schreiben, aufs Zeichnen. Ab Beginn der sechziger Jahre und weit in dieses Jahrzehnt hinein war Berlin ein literarischer Ort. Nicht weil besonders ehrgeizig Kulturpolitik betrieben wurde, nicht weil in Großsummen »Staatsknete« für jedes halbwegs ausgegorene Projekt jederzeit abrufbar war, auch nicht, weil atemloser Kulturbetrieb herrschte. Es gab nur Walter Höllerer, der aus aller Welt Schriftsteller herbeirief, mit uns, den Ortsansässigen, ins Gespräch brachte und dem literaturhungrigen Publikum auslieferte. Uwe Johnson wohnte um die Ecke, Enzensberger nicht weit entfernt. Fremd und verletzt kam, immer wie auf der Flucht, Ingeborg Bachmann auf kurzen Besuch vorbei.

Illustrationen (Feder) für »Ein Ort für Zufälle«, Berlin 1965

(Sie bewohnte salonartige Räume in jener inzwischen aufgemöbelten Villa im Grunewald, Königsallee, in deren Keller Anna und ich Anfang der fünfziger Jahre gehaust hatten.) An einem schmalen Buch unter dem für die Bachmann bezeichnenden Titel »Ein Ort für Zufälle« war ich mit dreizehn Zeichnungen beteiligt. Wie damals für Reinhard Lettau habe ich später für andere Schriftsteller, zuletzt für Erich Loest, Buchumschläge entworfen. Das hätte ich auch gerne für Johnson getan; doch der war Purist.

Ab Mitte der sechziger Jahre hatte uns alle mehr oder weniger die Politik am Wickel. Mich wollte sie lange nicht loslassen. Wahlkämpfe unter eigens entworfenem Signum, dem Es-Pe-De-krähenden Hahn. Gut sieben Jahre lang sollte mich diese Daueranstrengung in Atem halten. Zwar litt nicht das Schreiben darunter, denn die Ausflüge in die Niederungen der politischen Provinz brachten Erfahrungen, Einsichten, neue Grauabstufungen ein, aber das Zeichnen litt unter dem Lärm und Gegenlärm. Es wurde nicht mehr still genug. Davon zeugen die Bleistiftzeichnungen zum dritten Gedichtband, »Ausgefragt«, die mir heute leblos, erstarrt vorkommen; für größere Blätter fehlte zunehmend die Kraft.

Und Kraft wäre vonnöten gewesen, um aus notwendiger Distanz zum ersten Prosakomplex, der später »Die Danziger Trilogie« genannt wurde, neu ansetzen zu können.

Nicht nur die Politik, auch der Ruhm, ein ziemlicher Langweiler, stand hinderlich im Weg. Indem ich dennoch schrieb, schrieb ich ein unentschiedenes Buch, das unter dem Titel »Verlorene Schlachten« zuerst als Theaterstück entworfen wurde und dann zum Roman »örtlich betäubt« mutierte, der wiederum aus seinem Mittelteil ein zweiaktiges Theaterstück entließ, das zuerst »Der Dackel«, dann »Davor« hieß.

Reisen dazwischen: Amerika, Israel und immer wieder (seit '58) Polen. Die Gruppe 47 tagte jährlich und suchte ihr Ende, das sie auch schließlich fand. Eine unruhige, rhetorisch aufgeregte Zeit. Das Handgepäck immer griffbereit. Mein dritter Sohn, Bruno, '65 geboren, hat mich allzuoft abwesend erlebt. Und auch die Ehe mit Anna begann – wenn man Ehe als Brückenkonstruktion begreift – unter Materialermüdung zu leiden.

Entwurf zur Büchner-Preis-Rede, 1965

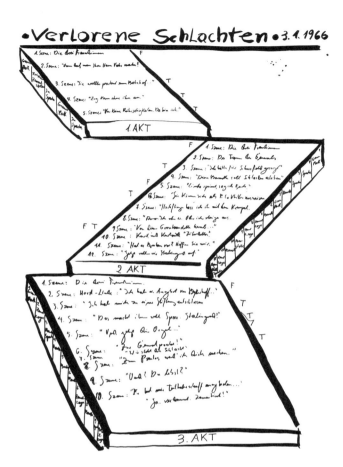

Unruhe

Verschossen alles, Zunge, Katapult.
Wo sind noch Ziele wortgerecht?
Kein Stuhl hält stand, vierbeinig geht er durch.
Wohin? Ich war schon. Komm daher.
Und Ekel, nun ins Futter eingenäht,
reist mit, zahlt nach: zuviel Gewicht.
Wegwerfen wollt ich, was ich warf,
wuchs nach. Zu viele Buckel abgetragen.

Arbeitsplan zu »Verlorene Schlachten«, Berlin 1966

Und ihr Gerüche, igelgleich schon da.
Auf jedem Bahnhof Zwinkern und Bekannte.
Das Echo landet, eh das Wort
sich von der Piste hebt und fliegt.
Erbrochen unter Zellophan
hält sich der Karpfen blau bis nächstes Jahr.
Ich war schon. Komm daher. Wohin?

Der Tabak fusselt, Tabak ist gewiß.
Schnee, wenn er fällt, ist ziemlich neu.
Nur manchmal eine Stimme,
falsch verbunden,
die haftet hohl, trifft, saugt sich fest.

Vom März '69 bis kurz nach der Bundestagswahl im September des gleichen Jahres führte ich Tagebuch. Sonst tat ich das nie. Aber dieses Jahr hatte es in sich. Politischer Wechsel wurde möglich. Und weil im Wahlkampf immer unterwegs, sollte alles und jedes mitgeschrieben werden: die Politik, ich mir daneben gestellt, der katholische, sozialdemokratische, kleinstädtische Mief, die Trauer der

Heinrich Böll, Günter Grass, Willy Brandt bei der Gründungsveranstaltung des Verbands Deutscher Schriftsteller in der IG Druck und Papier, Stuttgart 1970

tschechischen Freunde, Überlegungen zum Dürer-Jahr – »Melencolia I« – und die Geschichte Zweifels …
In diesem Tagebuch zeichnet sich der drei Jahre später abgeschlossene Prosaband »Aus dem Tagebuch einer Schnecke« ab, in dem auf einer von mehreren Erzählebenen die Geschichte der Danziger Synagogengemeinde bis zu deren Vernichtung erzählt wird. Deshalb die Reise nach Israel. Nachforschungen über die Rosenbaumsche Schule; die wenigen Überlebenden. Auf Spurensuche: die Reise nach Polen-Gdańsk. Selbst in Griechenland, wohin mich (mit Franz) die Opposition gegen die Obristendiktatur zum Vortrag eingeladen hatte, sah ich die Schnecke unterwegs. Sie lehrte mich wiederum Hinsehen und Zeichnen. Sie machte Lust auf weitere, episch ausufernde Prosa: von der Schnecke zum Butt.
Doch bis es dazu kam, gingen Anna und ich auseinander, langsam, wie unaufhörlich. Auch das ein Schneckenprozeß.

Gelächter angekündigt

Nicht alle Uhren blieben stehen.
Zwischendurch ticke ich.

Der Zuseher, Platzanweiser.
Die kleine Sicherheit
lag vor der Schwelle,
verbellte Störungen,
ließ euch schön sein.

Später, schon auf der Flucht,
aß ich faule Austern.
Das machte mich kotzen,
bis das Zäpfchen geschwollen.

Jetzt hat die Mode gewechselt.
Auf einmal Tragik mit Fransen.
Schon suche ich Hallräume,
weil ich lachen werde, demnächst.

Komisch im Doppelbett

Alleine benimmt sich auffällig,
will nicht allein sein.

Alleine macht Sprünge,
will Beifall für Sprünge.

Alleine verträgt sich nicht,
hört sich, sich kratzen.

Alleine kauft ein: Glocken, Hupen,
Geräte, die Lärm machen.

Alleine geht aus, trifft sich,
bestellt für sich doppelt.

Alleine schläft allein
und nichts stört.

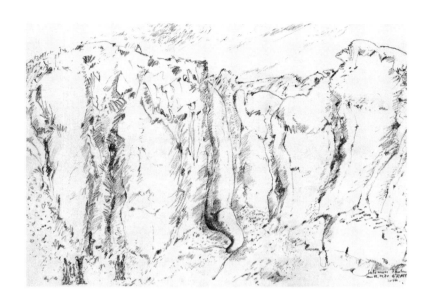

Fremdsprache

Leer zurück.
Klopf mal dran.
Hat einen Sprung.

Der Ruf nach Hilfe kommt jetzt oft.
Nur noch nachgießen, Feuer geben
kann rundum abhelfen.

Wohin bin ich weggestellt:
allenfalls teilweise, falls gesucht,
aufzufinden und frei zur Benutzung.

Sag mal was. Los. Sag mal.
Aber da kommt nichts.
Nur fehlerlos Fremdsprache.

Bleistiftzeichnung »Salomons Säulen« zu »Aus dem Tagebuch einer Schnecke«, 1971

Prag nachdem

Ich vergaß Dir zu sagen.
Du hättest mir sagen sollen.
Du wolltest mir sagen.
Hätte ich dir doch gesagt.

Verschleppte Worte,
die an der Bahnsteigkante zurückbleiben.
Die euch abgehört haben,
haben das Band gelöscht.
War nichts drauf: nur Kopfschmerz
und zerredete Liebe.

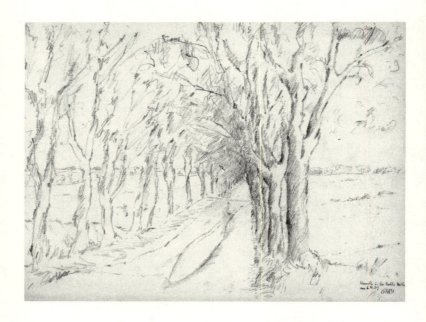

Bleistiftzeichnung »In der Tucheler Heide« zu »Aus dem Tagebuch einer Schnecke«, 1971

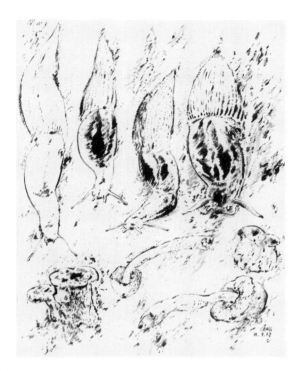

Wir

Klauben die Reste,
staunen, wieviel noch,
zählen gutwillig doppelt,
was sich in Winkeln totgestellt hat.

Schau mal, da liegt noch,
blieb unbenutzt übrig,
weil schwer zu bedienen,
vierhändig allenfalls.

Komm. Mal probieren.
Jeder zahlt drauf.
Was rauskommt, ist richtig.
Oder wir reiben uns auf:
das gibt Wärme.

»Schneckenwettlauf« (Kohle), Berlin 1972

Vladimir nachgerufen

Als der Vorhang zuschnurrte,
die Nummer gewechselt wurde,
Musik nachschepperte
und die nächste Abdankung
auf dem Prager Zentralfriedhof
vor der Tür drängte,
glaubte ich, neben Anna zu stehen.

Aber ich stand nicht richtig.
Seitdem versuche ich, mich richtig,
nicht daneben, nicht dazwischen,
– wenn es ginge – auf etwas zu stellen.

Es muß komisch aussehen,
wie ich rutsche und keinen Stand finde.
Wir könnten alle darüber lachen,
auch du.

Zurück zu den Schnecken

Die knisternd trocknende Gleitspur.
Der pfuschenden Zeit zur Kur überlassen.
Aussparen, weghören, übertünchen
und vom Ersatz erstaunlich gut leben.

Aufsagen und glauben:
Ich bin zu befriedigen.
Ich finde für Stunden Gehör.
Ich wohne auch leihweise.

Indem wir die Fühler sichern lassen
und bereit sind, den Rest zu verwerten,
setzen wir uns vorsichtig fort.

Gedichte und Zeichnungen kreisen das Thema ein, setzten Pfähle in noch unvermessenes Land. Kurze Prosa zum Ausprobieren. Kochrezepte, Anleitungen zum Aaleschlachten, der Umgang mit neuer Landschaft, die so neu nicht war: die Wilstermarsch bei Wewelsfleth, wo ich mit Veronika und ihren Töchtern Tinka und Jette wieder häuslich zu sein begann; oder das Werder und die Niederung beiderseits der Weichselmündung. Marschlandschaften, die plan genug waren, um in und über ihnen das Märchen vom Fischer und seiner Frau neu zu erzählen und die Köchin in mir – es sollten neun und mehr Köchinnen werden – zu entwerfen:

Entwurf weiblich

Mit wechselndem Antrieb: rumgekommen bin ich schon. Wurde mit meiner Nase vor Berge gestellt. Ließ mich in Tälern, zwischen sanfter Hügelei zerstreuen. Aber geblieben – schwör ich dir, Köchin – bin ich auf flachem Land.
Der Teller mit Himmel drauf.
Oder blankgeleckt: so viel Platz
für größeren Hunger und für Entwürfe,
die sich nirgendwo stoßen.
Schon rollen die Augen beide von Rand zu Rand. Ich lege deinen Leib ins Werder oder dorthin, wo ich neuerdings Stuhl Tisch Bett habe, über die Wilstermarsch.

Skizze zum Buchumschlag »Aus dem Tagebuch einer Schnecke«, 1972

Sagen wir: zwischen Käsemark und Fischer Babke liegst du seitlich und träge. Ein helles, rundum endloses Fleisch, das seinen Kopf mit halbwachem Blick auf den Weichseldeich stützt; oder auch hier, zwischen Brokdorf und Hollerwettern, bevor sie ihr Kernkraftwerk klotzig ans Elbufer geschissen haben werden.
Auf flachem Land liegt,
im Rücken immer der Fluß, wo er münden
und münden will, mein Entwurf.
Sein weibliches Maß.
Die Hüfte, der Umweg.
Der Schoß, den ich meine.
Brüste, die wessen Himmel nähren.
Oder gebettet in Haufenwolken.
Die Köchin in mir sucht Platz.
Und um dich – zersiedelt verplant – die Männchen mit ihrer Kragenweite. Von dir weg laufen breitbeinig übers Land Hochspannungsmasten: die flüsternde Kraft ...

Ätzradierung »Mann im Butt«, Møn 1978

Und über dich weg: düsengetrieben, in schrägem Anflug
Manöver, die immer und immer den Ernstfall üben.
Quer lagerst du.
Aus allen Zeiten gefallen.
Als hier noch Moor oder Watt.
Dein wandernder Schatten: Geschichte.
Straßen, die dich umgehen.
Blenden, dich abzuschirmen.
Männlicher Sprünge vermessene Kürze.
Leistung, die deinen Blick sucht.
Aber nach deinem Zeitmaß wälzt du dich auf die andere
Seite;

Gedichtmanuskript »Wie ich mich sehe«, Wewelsfleth 1974

Bewegung nennen wir das. Ein Furz entfährt deinem Arsch; und schon hoffen wir wieder.
Jetzt will ich rein. Laß mich rein. Ganz laß mich rein: meinen Verstand einbringen.
Ich will es warm haben und die Flucht aufgeben.
Schon hat deine Herrschaft begonnen.

Und immer sind Kinder dabei. Sie gehören zum Werkstattbericht. Die mitgebrachten, die dazugekommenen Kinder. Zum Beispiel hat sich das Glas, das Jette zer-

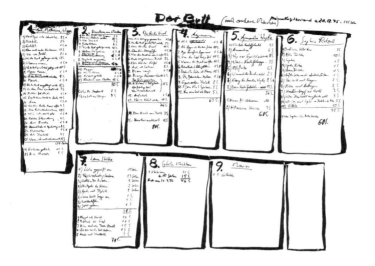

brach, mitsamt den Scherben in Zeichnungen wiedergefunden. Zu Kinderlärm fiel mir immer was ein. Zum Beispiel, als ich den »Butt« schrieb und noch nicht wußte, wie anfangen. Erst als Helene gezeugt wurde ... Oder als ich die lebenden Aale gezeichnet habe und die Kinder zusahen, wie ich mit dem blanken Messer ...

Aal und Salbei

Hier hat Chemie sie vertrieben. Abwässer haben die hellen Bäuche, die Rücken- und Schwanzflosse rötlich gefleckt, ihren Schleim, der sie schützt, verletzt. Die Reusen auf beiden Seiten der Elbe erinnern nur. Wir kaufen teuer aus noch freundlichem Wasser: tiefgefroren tauen die Aale aus Schottland hier wieder auf und beleben sich wunderbar.
Ich weiß Geschichten.
Gegabelt peitschen sie meinen Rücken,
hängen in jedes Bild,
gleiten, wie ich, den Kühen unter das Euter.
Warum, sagt die Köchin in mir, sollen die Kinder nicht

sehen und lernen, wie du die Aale in Stücke daumenlang schneidest? In Essig blaugemacht, in Mehl gewälzt, umlege ich sie mit Blättern Salbei. Der alte Scharre hat gestern (mit Spucke und Stein) das Messer geschärft.
Den Aal lebend kaufen. Nein, Kinder, er ist eigentlich tot. Das sind nur die Nerven in jedem Stück. Und auch das Kopfstück will noch und saugt sich fest. (Die Köchin Birgitta soll als Äbtissin für den Patrizier Ferber und seine Gäste, die alle katholisch blieben und gegen die Zeit waren, auf Karfreitag des Jahres 1522 in Ferbers Starostei Dirschau hundertundsieben Weichselaale geschlachtet haben.)
Der Strauch Salbei wurzelte früher in einem Garten nahe der Störmündung, wo jetzt das Sperrwerk mit Schleusenkammern und großer Klappbrücke gebaut wird und den Flußlauf verändert.
In heißes Öl legen wir Stück neben Stück und salzen leicht. Deshalb krümmen sie sich erschreckt in der Pfanne noch. Jetzt wurzelt der Strauch Salbei in unserem Garten. Der alte Scharre, der beim Umbetten half, war früher Hausschlachter und schlachtet auch heute noch an jedem Sonnabend für den Metzger im Dorf. Er düngte den Strauch mit Schweineblut und murmelte dabei kreuzweis sein Küstenplatt.
Auf kleiner Flamme werden die Stücke in ihrem Salbei schön knusprig gebacken. Ein Voressen, dem ein leichtes Gericht folgen sollte: verlorene Eier in Senfsoße. Hoffentlich überwintert der Strauch Salbei.
Ein Kreuzschnitt gleich hinterm Kopf des Aales soll dessen Nerven blockieren.
Wir ziehen die Haut nicht ab.
Übrigens rate ich (rät die Köchin in mir), beim Ausnehmen der Aale auf die Galle zu achten: Verletzt läuft sie über, macht bitter.
Laura filmte mit ihrer Schmalfilmkamera, wie ein Aal sich vom Zugriff befreite und in der Wiese tobte.
Die Kinder wissen nun, was sie essen.

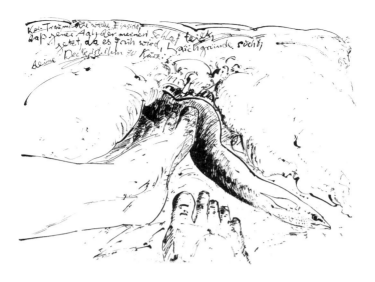

Es dauerte lange, bis sich der erste Satz, »Ilsebill salzte nach«, fand. Weiß nicht mehr, wie ich ihn fand. Lange geisterte er in Gedichten, versteckte sich in Zeichnungen, die in Text übergingen, tat harmlos zwischen täglichen Versuchen, die als Entwürfe einander ablösten und bis heute in gelben, grauen und blauen Mappen scheintot spielten. Solche Mappen gibt es viele. Neuerdings öffne ich sie, weil jemand geraten hat, beizeiten den Nachlaß zu sichten. Geöffnet riechen die Mappen. Das meiste habe ich vergessen. Selbst die Titel. Jetzt spricht es mich an. Wann war das? Dreiundsiebzig, vierundsiebzig? Einige Gedichte geben nur die Jahreszeit preis. Andere haben ihr politisches Datum. Wie ich sie lese, sind sie immer noch nicht verjährt.

Als Kupfer wieder zu steigen begann

Schönfärber September.
Bei Rotwein und Käse sehe ich auf der Mattscheibe
Allende sein letztes Interview sprechen.
Das Stichwort tragisch ist aufgerufen.

Federzeichnung und Gedicht »Kein Traum« zu »Der Butt«,
Wewelsfleth 1973

Bürgerkrieg oder Bildbände,
in denen ihr blättern werdet.
Als Kinder spielten wir Alkazar auf dem Pausenhof;
niemand wollte als Republikaner sterben.

Schlußworte vorgestellt.
Auch wenn die Arbeiter siegen,
sagt Salvador Allende,
verlieren werden auch sie.

Empörung und Resolutionen
sind jetzt billig zu haben;
nur der Kupferpreis steigt.

Gedichtmanuskript »Vorgeträumt« zu »Der Butt«, Berlin 1974

Als in Chile

Das war, als der Kupferpreis stieg.
(Wo sich die Ohnmacht, dank Klimaanlage,
frischhält.)
Ich saß den Vertretern der Vereinten Nationen
im Rücken.
Neuerdings zwischen ihnen die Vertreter
der zu gründlichen Nation.
Brandt sprach seinen verkürzten Text.
Wie aus der knappen Anklage mit Hilfe der Schere
eine längliche Klage wurde.
Der ausgesparte Name, das nichtgenannte Land.
Grübelndes Deutsch voller Bedeutung und ungenau.

Es wird Vernunft beschworen,
als müsse die unbefleckte Empfängnis,
etwas, das nicht mehr bestritten wird,
immer wieder beteuert werden.
Seine Warnungen haben – er weiß es –
wie Tempotücher nur kurzen Nutzen.
Auch Hunger ist Krieg! – Ein Ausruf, so richtig,
daß ihn kurzerhand Beifall erschlägt.

Es war wie Federnblasen. (Und er hält
viele gleichzeitig
und erstaunlich in Schwebe …)

Zum Schluß platzen die Nähte
seiner geschriebenen Rede.
Siebenmal: Laßt uns mutig und miteinander …
(Stoppuhren messen Applaus.)
Auch die anderen Deutschen
– ich saß in ihrem Rücken –
klatschten kurz mit.

Draußen war anderes wirklich.
Die Glasfront am East River

spiegelte September: Watergatezeit.
Da steht ein Denkmal, sowjetische Spende:
In Bronze gegossen
schmiedet ein nackter Mann sein Schwert zum Pflug.

Später (jenseits vom Protokoll)
gingen wir abgeschirmt auf und ab.
Der Friedenspreisträger. Ich wollte ihn zum
Fischessen – Butt oder Brasse – einladen;
aber er durfte privat nicht.

Schon zögere ich. Die Arbeit an der epischen Stoffmasse »Der Butt« besetzte ein halbes Jahrzehnt. Keine friedliche Zeit. Krieg in der Welt, Gezänk überall, Streit auch zu Haus. Zwischendurch trat ein Bundeskanzler zurück. Zwischendurch wurde – Halleluja! – meine Tochter

Federzeichnung auf Foto von Maria Rama, Wewelsfleth 1973

Helene geboren. Zwischendurch entstand aus Zusammenarbeit mit der lebenslänglichen Freundin Maria Rama das Buch »Mariazuehren«. In Fotos hineinzeichnen, ein Vergnügen, das nicht wiederholt werden mußte. Und bei Gelegenheit – als hätte ich immer wieder Distanz, neuen Anlauf nehmen müssen – wurden Zeichnungen und Gedichte einander zugeordnet: kurze private und solche, aus denen Wewelsfleth, das Dorf spricht. Doch immer ist es der saugfähige Plattfisch, der sie in dieser und nächster Fassung aufnimmt und ausscheidet. Nahrung und wie sie verdaut wird.

Bei hundert Grad

Jedesmal staunen,
wenn das Wasser im Kessel
zu singen beginnt.

Frühes Ungenügen

Kein Traum, die wache Einsicht,
daß jener Aal,
der meinen Schlaf teilt,
jetzt, da es graut und erste Motoren
das Dorf vierteilen,
neue Laichgründe sucht;
unsere Decke ist ihm zu kurz.

Kein Apfel

Es wäre wohl alles anders,
auch zwischen dir und mir,
wenn sie, die Birne, nicht er
uns Erkenntnis und Sünde
länglich und rund erlaubt hätte.

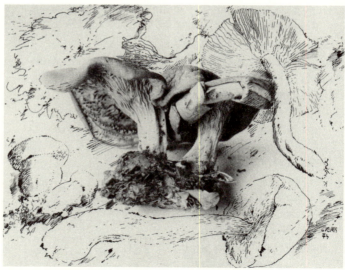

Bleistiftzeichnung und Gedicht »Kein Apfel«, 1973 (oben),
Federzeichnung auf Foto von Maria Rama, Wewelsfleth 1973 (unten)

Ein Nebenthema, »Das Schwein und sein Leder«, löste Zeichnungen aus, die später zu Radierungen führten. Dazu Gedichte wie »Mein Schuh«, aber auch das unveröffentlichte Gedicht:

Gewitterneigung

Genau gezählt sterben immer mehr Schweine
am Herzschlag.
Die Mast macht empfindsam.
Zucht ohne Auslauf, doch pünktliche Injektionen.

Der Bauer als Arzt. Wetterfühlig
steht er am Zaun und sagt Neurosen,
gewittrige Schwüle voraus.
Schon schreibt er eine der tragenden Sauen ab.

Später liegt sie (seitlich normal)
in ihrem Koben: straff
und mit bläulichen Zitzen.

Eine andere warf (Frühprägungen) bei Gewitter.

Wir gingen oft in die Pilze, unbeschwert, weil lange vor Tschernobyl. In den Geestwäldern hinter Itzehoe konnte man sich verlaufen. Veronikas plötzliches Glück, vor einem Steinpilz zu stehen. Im »Butt« ist es Sophie, die in die Pilze geht. Ihr verdanke ich Zeichnungen und strophenlange Beschwörungen.

Zeitvertreib

Pilze stehn, hüte dich.
Angst, die sich selber glich,
sammelt und ängstigt sich
vor dem Wort sicherlich.

Sicher ist nur der Tod,
reimt sich wie Brot und Kot
notfalls auf Abendrot,
sicher auf Tod.

Angst, deshalb sitzen wir
vierhändig am Klavier
und rufen doppelt: hier,
wir heißen wir.

Es ist wie Dauerlauf:
Pilze Tod Angst zuhauf.
Liebe, die hört nicht auf,
nimmt sich in Kauf.

Gleichnis vom alten Schuh.
Stille, denn ab und zu
gibt auch der Dichter Ruh:
nichts trägt sich zu.

1972 beginnt die kontinuierliche Arbeit an Radierungen. Inzwischen sind es mehr als zweihundertfünfzig. In Kupfer, selten in Zink. Das Material liegt mir. Es begann als Nachhall auf »Aus dem Tagebuch einer Schnecke«, nahm dann den »Butt« vorweg, begleitete ihn und führte wie übergangslos zu der Erzählung »Das Treffen in Telgte«. So viele Kinder, die laufen lernen. Gemeint sind jetzt nicht nur Zeichnungen, Gedichte, dicke und dünnere Bücher; ich meine die vielen leiblichen Kinder, die ich, sobald ich mich schonungsvoll selbstkritisch sehe, gerne als Werkstattprodukte begreife. Sie datierten sich während der Manuskriptarbeit, gaben Kinderreime ein, sind zwischen dem Andruck von Ätz- und Kaltnadelradierungen auf die Welt gekommen. Königstochter Jüngste! Als Ingrid Mutter wurde, nannte sie unsere Tochter Nele. Ein »Butt«-Fragment, das in letzter Fassung abgewandelt in den Roman fand, sagt es als Entwurf deutlich.

Skizzen (Asphaltlack und Tusche) zu den Radierungen
»Fußlange Scholle« (oben) und »Große Auferstehung« (unten),
Wewelsfleth 1973

Sülzkotelett

Manchmal geht sie spät in der offenen Bahnhofsgaststätte ein chemisches Sülzkotelett essen. Sie will nicht mehr Köchin sein, wie seit Jahrhunderten abschmecken und die letzte Zutat erwägen. Sie will nicht mehr Gäste zu Lob und Vergleichen rühren. Keinem Gaumen will sie mehr schöntun. Und auch die Kinder (die immer neuen und aus den Kleidern drängenden Kinder) will sie nie wieder zu grünem Spinat zwingen. Ihren Geschmack will sie strafen, Abstand gewinnen zu sich, wie sie in mir hockt oder entäußert Geschichte ist, ihre gereihten Rezepte: Hasenpfeffer oder Ente mit Maronen gefüllt. Panierter Karpfen in Braunbier oder Hammelkeule mit Knoblauch gespickt. Dem Sülzkotelett und seiner chemischen Frische will sie Abbitte tun.
Da sitzt sie in ihrem zu engen Mantel und schneidet sich Stück nach Stück. Späte Züge werden ausgerufen. (Rheinische, hessische, schwäbische Durchsage.) Sie winkt dem Ober, der langsam, als wolle er das Jahrhundert verzögern, zwischen den leeren Tischen kommt, schwindet und endlich (ich bin es) da ist. Ein zweites Sülzkotelett

Entwurf zur Radierung »Kartoffelschalen – Die Nabelschnur«, 1975

ohne Kartoffelsalat, Brot, ohne Bier. Sie schneidet zu, gabelt auf und ißt in sich rein, als müsse ein Loch gefüllt oder jemand vernichtet werden, der sich als Sülzkotelett nach Güte spätoffener Bahnhofsgaststätten getarnt hat.
Ich bin nicht sicher, ob ich Agnes oder Lena bediene. (Nur Sophie und Dorothea würde ich sogleich mit Schrecken erkennen.) Ich bringe ein drittes, ein viertes Kotelett – es mangelt ja nicht – und mache Umwege zwischen den leeren fleckigen Tischen, damit sie, ganz außer mir, ihre Zeit hat und mich kommen, immer wieder auf neuen Umwegen kommen sieht.
Bevor wir schließen, weil ja auch Bahnhofsgaststätten irgendwann schließen müssen, wird sie ein sechstes Sülzkotelett ohne alles (in eine Papierserviette gewickelt) mitnehmen wollen – wohin? Wenn sie geht und in ihrem engen Mantel in der Drehtür unscheinbar wird, frage ich mich jedesmal, warum sie mir kein Trinkgeld gibt. Kann es sein, daß sie mich achtet, trotz allem, was war und noch wird?

Kaltnadelradierung »Kartoffelschalen – Die Nabelschnur«, 1975

Jahrelang druckte ich Radierungen in Anselm Drehers Werkstatt. Seitdem Fritze Margull im Friedenauer Haus mit allem Drum und Dran eine Werkstatt eingerichtet hat, werden dort meine Radierungen angedruckt. Eine Freundschaft, auf Druckerschwärze gegründet.

Wie schon beim »Butt« diente auch bei der Erzählung »Das Treffen in Telgte« eine von mehreren Radierungen als Vorlage für den Buchumschlag. Es ist Utes Ohr, in das hinein der Plattfisch spricht. Ute brachte Malte und Hans mit, der mir mit Kinderschrift auf sieben Seiten eine Kurzfassung des »Butt« geschrieben hat. Seitdem leben wir miteinander. Und den gereihten Radierungen läßt sich ablesen, seit wann. Doch das Gedicht, mit dem ich Ute gesucht habe, schrieb ich viel früher:

In der Radierwerkstatt von Anselm Dreher, Berlin 1977

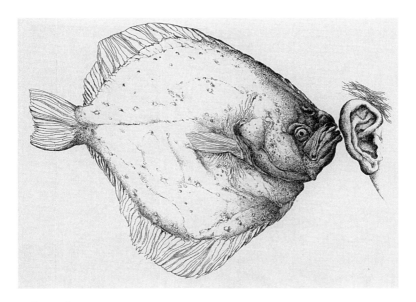

Anzeige

Jetzt suche ich was,
ohne finden zu wollen.

Etwas, bei dem ich alt werden
und verfallen darf.

Etwas mit Gütezeichen
und ohne Nebengeschmack.

Wüßte ich das benennende Wort, gäbe ich
eine Anzeige auf:

Suche für mich, nur für mich,
auch an Regentagen für mich,
selbst wenn mich Schorf befällt,
noch für mich …

Vielleicht meldest du dich, gesucht.

Ätzradierung »Der Butt«, 1977

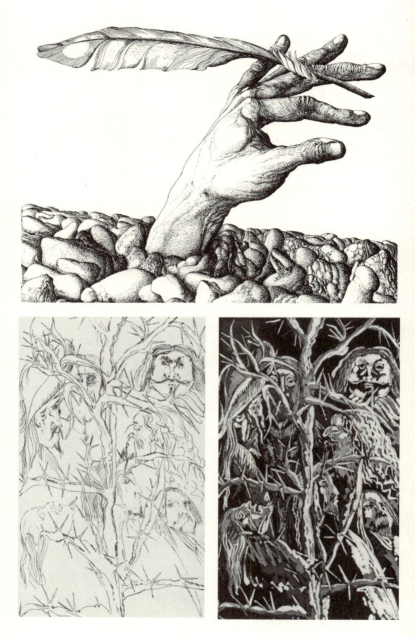

Ätzradierung »Des Schreibers Hand«, Berlin 1979 (oben),
»Im Zeichen der Distel« (Ätzradierung mit Aquatinta, Zustandsdrucke), Berlin 1982 (unten)

Wer mich in meinen wechselnden Ateliers besuchte, etwa Schriftsteller, ortsansässige oder solche, die auf der Durchreise mal kurz vorbeikamen, lief Gefahr, stillhalten zu müssen. Während der frühen sechziger Jahre porträtierte ich Gregory Corso und Peter Rühmkorf, Günter Bruno Fuchs und den gestrengen Uwe Johnson. Reinhard Lettaus Ohren gefielen mir auffallend. Das Aquarell zeigt es: Peter Bichsel noch frisch in Farbe. Zum Gedicht »König Lear« entstand die Porträtstudie des Schauspielers und Regisseurs Fritz Kortner. Aus Zeichnungen nach Max Frisch, der in Friedenau zeitweilig benachbart wohnte, um von der Schweiz Abstand zu nehmen, entwickelte sich die Ätzradierung »Doppelter Max«. So weit entfernt sie einander sein mögen, Gabriele Wohmann und Helga Novak waren für Zeichnungen gut. Und ein Schriftstellertreffen, das in Mexiko stattfand, warf Pausen genug ab, um Vasko Popa und Mario Sorescu zu porträtieren. Lange bevor ich Tadeusz Rózewicz in Mexiko zeichnete (und später radierte), entstand das ihm gewidmete Gedicht:

Jemand aus Radomsko

Auf Erbsen läuft Tadeusz.
Er kann nicht antworten.
Die Zunge liegt quer.

Aber ich höre.
Polen hat einen Mund.
Eigentlich leise, doch ungeölt.

Stellt ihm die Suppe warm.
Er könnte.
Und einen Platz für die Schuhe.

Noch engere Stiche.
Nähen macht heiter.
Sein Riß will nicht.

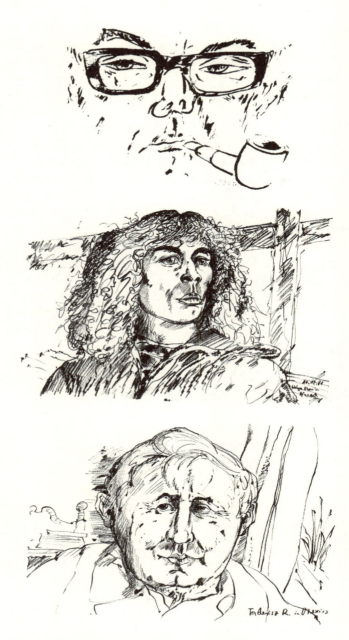

Max Frisch, Kohlezeichnung, Berlin 1974 (oben). Helga M. Novak, Bleistiftzeichnung, Wewelsfleth 1981 (Mitte), Tadeusz Rózewicz, Bleistiftzeichnung, 1981 (unten)

Uwe Johnson, Speckkohlezeichnung, 1961

»Ute mit Krebs« (Feder), Møn 1979

Dem Buch »Kopfgeburten oder Die Deutschen sterben aus« gingen Reisen voraus, durch Asien, nach Afrika. Diese aus deutscher Selbstversessenheit befreiende Erweiterung der Horizonte hielt bis gegen Ende der mit den »Kopfgeburten« eingeläuteten achtziger Jahre an und führte schließlich zum zweiten Besuch der eigentlichen Welthauptstadt Calcutta. (Nach erstem Aufenthalt dort, während der Arbeit am »Butt«, hatte ich mir die wiederholte Anreise versprochen.)
Unterwegs mit Ute, das schlug sich schriftlich und in Zeichnungen nieder: Ute in Japan vor Wellengang. Jetzt erst, im Rückblick, wird die Spannweite deutlich zwischen den frühen Windhühnern und den skizzierten Hahnenkämpfen auf Bali, die sich später als Kaltnadelradierungen vermehrten.

»Hahnenkampf II« (Feder), Bali 1978

Gedichtentwürfe in Zeichnungen gekritzelt, die abermals Hühner und Köche zitierten. Und endlich, nachdem ein Politiker mit Lateinkenntnissen etliche Schriftsteller einfühlsam tituliert hatte, entstand das Selbstporträt mit Schmeißfliege über der Braue: wie ich mich Ende der siebziger Jahre sehe, kurz vor dem Einstieg ins Manuskript »Kopfgeburten«, dem Beginn eines fatalen Jahrzehnts.

»Jetzt haben wir Hühner...« (Feder), Wewelsfleth 1979

Entwurf zur Radierung »Selbst mit Fliege«, Wewelsfleth 1979 (oben),
Ätzradierung »Kopfgeburten«, 1980 (unten)

Werkplan für Skulpturen, Wewelsfleth 1982

Danach verhielt ich mich vier Jahre lang still. Etwas war geschehen: die Endlichkeit menschlicher Existenz, das heißt der Hang und die Möglichkeiten zur Selbstvernichtung, zudem die alltägliche Beflissenheit, mit der diese letzte menschliche Utopie tätig vorangetrieben und als Fortschritt bezeichnet wird, ließen sich nicht mehr übersehen oder nach linker wie rechter Methode zerreden. Der dem Schriftsteller vergönnte Zeitvorsprung war verbraucht und mit ihm die erwiesene Überlebenskunst aller Bücher. Ich stellte das Schreiben ein. Doch kaum empfanden sich die Hände als frei, kam wieder die seit Jahrzehnten überdeckte Lust auf. Eine meiner Töchter, die Töpferin Laura, riet mir, mit Töpferton zu arbeiten. In Wewelsfleths Nähe gab es Brennöfen. Ich griff auf mein Getier zurück: Butt oder Schnecke – die Aale, die Gans ... Auch wollten die Träger von Kochmützen porträtiert werden.

Die Arbeit mit feuchtem Ton hatte einen Nebeneffekt: Ich rauchte weniger. Zwar hatte sich schon Mitte der siebziger Jahre der Zigarettenraucher zum Pfeifenraucher bekehrt – Lutz Arnold schenkte hilfreich drei eingerauchte Pfeifen –, doch selbst die Pfeife wurde beim Modellieren kalt; ein Beweis mehr, wie infantil das Hantieren mit Rauchwerkzeug ist, seien es gerade oder schwanenhälsige Pfeifen, penislange Zigarren oder jene 40 bis 50 selbstgedrehten Zigaretten, denen hier, zeitlich verschoben, ein Nachruf eingerückt wird, der sich in einer verstaubten Mappe fand.

Selbstgedrehte

Ich rauche. Außerdem bin ich Linkshänder. Es braucht nur Blättchen, Tabak. Der gummierte innere Rand des Papiers grenzt den Drehenden gegen die Außenwelt ab. Distanz entsteht zu den Rauchern von Fertigprodukten, die immer besorgt sind, es könne der nächststehende Automat geknackt oder kaputt sein.

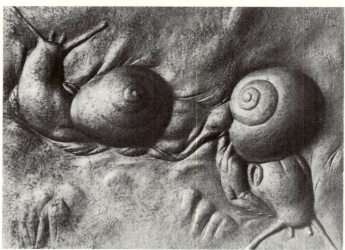

Bei der Arbeit am »Steinbeißer«, Terrakotta, Wewelsfleth 1982 (oben), Relief »Doppelschnecke«, Bronze, 1982 (unten)

Auch Gottvater drehte sich selber eine,
nachdem er uns aus nichts erschaffen hatte.
Längs der Mittelfalte wird das Papier mit dem Mittelfinger, dem Zeigefinger geklemmt, während Daumen, Zeige- und Mittelfinger der anderen Hand ein nach Laune bemessenes Fuder Tabak ganz ohne Eile (und als gehe die Welt nicht immerfort unter) zum Würstchen kneten.
Es ist der Griff nach Brotkrümeln, Lehm
und sonstigem Fummelkram.
Im Mutterleib schon drehte ersatzweise ich.
Nicht nach Fertigem greifen: formen, verformen.
Jetzt klemmen Zeige- und Mittelfinger der linken Hand den vorgeformten Tabak über der Mittelfalte des Blättchens in Länge, während die andere Hand den Tabaksbeutel und das Heftchen Papier in der Tasche sichert: immer noch ohne Eile, denn so gewinnen wir Zeit, in der nicht geraucht wird, doch ein Gedanke bedeutend sein Nadelöhr finden könnte.
Da Parolen beliebt sind, sage ich unter Vorbehalt:
Selbstgedreht ist halb geraucht. Denn oft
unterbreche ich den langsamen Vorgang,
kritzel was, tippe Buchstaben, flüchte
in ein Jahrhundert, entlegen genug.
Endlich – Zeit ist inzwischen vergangen – halten Daumen, Mittel- und Zeigefinger der linken und rechten Hand den im Papier waagerechten Tabak etwa in Bauchnabelhöhe.
Natürlich reden die Leute: vom Iwan
und seinem Machorka (in Prawdapapier gekrümelt).
Oder an Opa erinnern sie sich, der während
schlimmer Zeit selbst gedreht hat: Eigenanbau.
Beim Rollen gilt es, dem Tabak alle Fusseln,
die sich nicht fügen wollen, radikal abzugewöhnen.
Nun erst, nachdem er festgefügt schlank oder vollschlank in das bauchwärts weisende Drittel des Blättchens bis zum Anschlag gerollt ist, näßt die Zunge nicht etwa hastig, sondern verzögert und mit Gefühl die Gummie-

rung des äußeren Blattrandes gegen den Widerstand des
stützenden Zeigefingers.
Was außer einer neuen und praktikablen Religion fehlt,
ist ein in Holland käufliches Zigarettenpapier,
das nicht gummiert dennoch klebt
und sich beim Rauchen, weil zungenfeucht,
nicht weniger bräunlich einfärbt
als die lustlosen Filter.
Schwierig für Anfänger ist es, den befeuchteten oberen
Blattrand um den gerollten Tabak zu schlagen, ohne
jenen gleichmäßigen Druck aufzugeben, den eine straff
selbstgedrehte Zigarette fordert. Jetzt die Klebenaht
nachfeuchten. – Inzwischen wurde schon wieder ein
Kind geboren.
Damit kein Tabak fusselt, zwirbel ich mir
den linken Anstoß der Selbstgedrehten
mundgerecht spitz, weil, durch ein feuchtes Tütchen
gesogen, der Rauch gekühlt sich vergeistigt.
Auch Maria dreht sich, nachdem sie mich beim Drehen
geknipst hatte – und ich ihr, während sie knipste, die
Geschichte vom bärtigen Mann, der wieder Brustkind
sein, nuckeln wollte, mit all seinen Nebenwünschen
erzählt hatte –, selbst eine Zigarette:
Beide rauchen wir jetzt.
Ist billig. Macht Spaß. Vertreibt Zeit.
Und andere Vorteile: zum Beispiel
sind die Kippen der Selbstgedrehten alle anders
und jeweils verschieden gekrümmt;
mein Aschenbecher gibt Auskunft
über den Fortschritt meiner gegenwärtigen Krise.

Dann begann ich (wie unter Zwang) wieder zu schreiben:
auf feuchte Tonblätter, die gewellt, gestaucht, zerknüllt
auf dem Holzrost trockneten, dann gebrannt wurden.
(Hätte den gesamten Roman »Die Rättin« – fünfhundert
Blatt stark – so schreiben sollen: ein einziges Exemplar.)
Es wurde dann doch das papierne Manuskript, das

anfangs »Die See« oder »Die neue Ilsebill« heißen sollte und vorerst aus Bruchstücken und aufzählenden Prosagedichten bestand, die verworfen wurden, sobald die Ratte das Sagen hatte.

»Mädchen mit Ratte I und II«, Neusilber, 1984 (oben),
Manuskriptseiten »Die Rättin«, Terrakotta, Wewelsfleth 1983

Alle Helden

Den russischen Admiral,
den Schweden, Dönitz, wen noch ...
Ich lade euch ein,
noch einmal die See zu befahren
und eure Untergänge zu feiern,
daß Strandgut genug bleibt.
Sammeln will ich: Planken,
Bordbücher, aufgelistet Proviant
und Leichen angetrieben.
Auch soll des Paddlers gedacht werden,
der von Vitte aus, weil es ihn zog,
seinen Staat hinter sich ließ,
doch Møn nie anlief.
Keine Freiheit und dänische Butter.

Entwurf »Die See«, Terrakotta, Wewelsfleth 1983

Die neue Ilsebill

wird tätig. Seetüchtig
kreuzt sie auf und hat
alle Segel gesetzt.
Ich will versuchen, ihren Kurs,
der kein Wetter kennt, zu erraten.
Meldungen über torkelnde Herzschrittmacher.
Krawatten abgeschnitten, kurz unterm Knoten.
Keine Parkplätze mehr.
Nur das Nichts hinter sich
treten heroisch die Männer zurück.
In ihrem Kielwasser wollte ich schwimmen,
doch Ilsebill geht an Land.

Auch war von Anbeginn, als ich noch auf feuchtem Ton schrieb oder in Tonplatten Schrift kerbte, Anna Koljaiczek dabei; und mit ihr, wenn auch verdeckt, Oskar Matzerath. Er ließ sich nicht umgehen. Es sollte ein Buch werden, das alte Geschichten aufnahm, um sie den allerneuesten Katastrophen auszuliefern.

Hundertundsieben Jahre alt

wird Anna Koljaiczek.
Ihren Geburtstag zu feiern,
kommen alle, auch ich.
Weit zweigt das kaschubische Kraut.
Von Chicago her reisen sie an.
Die Australier haben den längsten Weg.
Wem es im Westen bessergeht,
kommt, um zu zeigen,
denen, die dageblieben
in Ramkau, Kokoschken, Kartuzy,
um wieviel besser in deutscher Mark.
Die von der Leninwerft

kommen als Delegation.
Gewiß ist der Segen der Kirche.
Selbst Polen als Staat
will sich vertreten lassen.
Alle wollen mit ihr sich feiern.
Auf liniertem Papier schreibt Anna Koljaiczek,
was gewesen ist all die Jahre lang ...

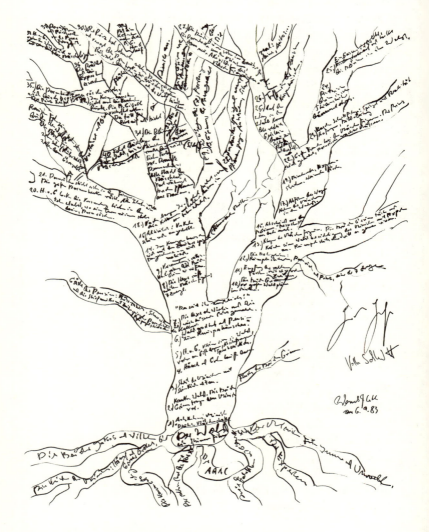

Entwurf zu »Grimms Wälder«, Wewelsfleth 1983

Im Herbst '83, als schon »Die Rättin« vorherrschte, besuchte uns Volker Schlöndorff, den damals noch keine amerikanischen Filmprojekte am Wickel hatten. Ich erzählte ihm den Handlungsstrang »Grimms Wälder«, und wir entwarfen spontan auf breitflächiger Staffelei in fünfunddreißig Bildern einen möglichen Stummfilm, der natürlich nicht gedreht wurde. Doch wuchs sich das Manuskript aus: in Wewelsfleth, Hamburg und Sommer nach Sommer in unserer dänischen Zuflucht auf der Insel Møn, wo eine winzige Werkstatt mit Nordlicht sicher ist. Zwischendurch porträtierte ich Heinrich Bölls alte Schreibmaschine, weil unsere Zeitschrift »L'80« pleite zu machen drohte, als Lithographie; »L'80« hielt dann auch einige weitere mühsame Jahre durch und redete gegen den beschleunigt das Hemd wechselnden Zeitgeist an. Zwischendurch Gedichte, die immer neue Katastrophengeschichten erzählen und sich nicht allesamt in den Roman fügen wollten. Etwa dieses:

In einem Märchen, dessen Anfang
nicht überliefert wurde,
ging beinahe alles gut aus.

Dann gaben die Hirsche (pfeifeschmauchend)
den letzten röhrenden Förster
zum Abschuß frei.

Worauf Mutter mit Gift im Birchermüsli
Vater vergiftete, weil er immer Orange sagte,
wenn Apfelsine gemeint war.

Und Vater erschlug Mutter
mit einem Briefbeschwerer aus Onyx,
weil sie sich immer ähnlicher wurde.

Die Kinder jedoch begruben
ihre Eltern hinterm Haus,
wo Platz genug war.

Das kommt davon.
Nur wenn die Familie gesund bleibt,
geht unsere Rechnung mit Gott auf.

Das alles geschah an einem Sonntag im Juni,
an dem, wie es hieß,
ein Bombenwetter herrschte.

So wurden die Mörder zu Opfern
und gingen straffrei aus.
Nur ein Rest blieb; doch der lohnt nicht.

Lithographie »Am Himmelfahrtstag«, Blatt I des Zyklus »Vatertag«, Wewelsfleth 1982

Zwischendurch entstanden zweiundzwanzig Lithographien zum »Butt«-Kapitel »Vatertag«, die eines Tages – weiß noch nicht, bei welchem Verlag – mitsamt dem Text zwischen Buchdeckeln veröffentlicht werden sollen. Eine lange Wegstrecke vom gescheiterten Filmprojekt Anfang der sechziger Jahre über die Prosafassung bis hin zu den Lithos hat mich dieses Thema, das heißt die jeweils am Himmelfahrtstag Auslauf suchende, lauthals männliche Gewalt, begleitet.

Die erste Manuskriptfassung des Romans »Die Rättin« wurde, durchsetzt von Zeichnungen, in einen sogenannten Blindband geschrieben. Je mehr die Technik schreibererleichternde Angebote macht und mit handlichen Heimcomputern um sich wirft, um so altmodischer setze ich auf Tinte und Feder, ohne meine alte Olivetti-Reiseschreibmaschine zu verachten. Doch das handschriftliche Manuskript hat Vorrang gewonnen. In einen festeingebundenen Blindband geschrieben, wobei das Format meines Werkverzeichnisses der Druckgrafik »In Kupfer, auf Stein« bevorzugt wird, kann es auf Reisen mitgenommen werden: sei es auf die dänische Insel, sei es nach Portugal, wo jeweils eine Werkstatt sicher ist.

Lithographie »Und als am Vatertag . . .« Blatt VI, Wewelsfleth 1982

»Golgatha« (Kohle), Wewelsfleth 1985

Manuskript »Die Rättin« (erste Fassung), Wewelsfleth 1984

— 16 —

Glück mischen sich ihr Ängste; deshalb schlagen ihre Farben so grell ins Auge. Immer verwackelte Kinder, die sich die Bläue des Todes anschminken, die sich mit Leichengrün ahnungsvoll seidenden, selbst ihr Orange, ihr Gelb war angeschimmelt, Verwesung gestimmt.

Wieviel Zeit sie sogar alles was Menschen war Kleideten. Immer ängstlich, auf dem Sprung und gestiefelt zugleich. Sie wollten – als würde das helfen, wie sollen können – vertiert sein. Ohne von uns genug zu wissen, wollten sie sein wie wir, namentlich einander auch so, schminken sich Mützen niedel, die unsere Kopfform unser Gleiches halten, bildeten sich Masken vor, die unseren Normalausdruck in Dämonische steigerten, bandelt sich lange und nackte Schwänze um und zogen von Überall her, zuläufen und unterwegs in Richtung Hameln, oder füllten jene Kleinstadt, die in unserer Legende geboren und gegen sich vieren, die Krüge anhaltend tieren.

Ach ach ach ach! Ratten hätten sie sein mögen und blicken doch arme, zu Ende davon auch von uns verlassene Punks. Sie, die von Geburt an verlorene Kinder, einzig zu Ratten waren sie bild, sagte die Rättin, von der unser Traum wohl; und hätten wir Zur Flucht für sie gerüstet, hätten wir Hameln wie sie verlassen gefühlt und mit uns genommen, kurz vor Schluß.

Wewelsfleth am 21. Jan. 1984

Was heißt hier Schluß, Rätte. Ist ja nichts fertig. Überall Druckwerk und Stümperei. Wir können doch nicht mitten im Satz, ohne zumindest

88 Manuskript »Die Rättin« (erste Fassung), Wewelsfleth 1984

Manuskript »Die Rättin« (erste Fassung), Wewelsfleth 1984

Nun endlich frei vom jahrelang andauernden Dreinspruch der Rättin und auf der Suche nach einem Gegenthema, begann ich in Dänemark wie in Portugal gesunde, noch gesunde Bäume zu zeichnen. Buchen, Eichen und Oliven-Feigen-Johannisbrotbäume.

Das hielt nicht lange, ein Jahr nur an, dann reisten Ute und ich Anfang August '86 nach Indien, um in Calcutta zu wohnen, solange das auszuhalten war. Anfangs fanden wir Platz im nahen Baruipur, später in der Stadt. Dort oder dort waren der Tisch unterm Ventilator und die Straße Werkstatt.

Niemals zuvor ist mir das Zeichnen, sobald die Wörter versagten, so notwendig gewesen. Skizzen im Vorbeigehen oder im Stehenbleiben, wie festgenagelt. Angestrengt hinsehen: was stumm macht und jeder Beschreibung spottet, will dennoch gezeichnet, aufgezeichnet werden. Schließlich waren auch wieder Wörter möglich. Ich führte – was mir zuletzt im Schneckenjahr '69 notwendig gewesen war – Tagebuch, diesmal von Zeichnungen durchsetzt, die vom bengalischen Alltag erzählen. Und im fortwährend geführten Tagebuch entstand, mit Löchern dazwischen, in erster Fassung das zwölfteilige Stadt-

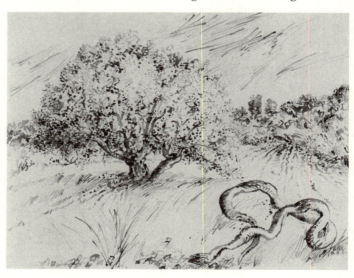

»Schlange und Johannisbrotbaum« (Tusche), Portugal 1986

gedicht »Zunge zeigen«, das einem Buch den Titel gegeben hat, in dem sich, zwischen einem knapp gehaltenen Prosablock und der Schlußfassung des in Calcutta konzipierten Gedichtes, doppelseitige, von Schrift durchsetzte Zeichnungen reihen, die aus den Skizzen entwickelt wurden.

Dieses Buch in seiner neuen, alle meine Möglichkeiten versammelnden Form hatte es schwer; als es im Herbst '88 erschien, war der bundesdeutsche Literaturbetrieb ... Doch das gehört nicht in einen Werkstattbericht.

»Garten in Baruipur« (Rötel), Calcutta 1986 (oben)
Calcutta 1986 (unten)

Calcutta am 18.12.

Eine letzte Theaterprobe: Dritter Akt. Ich konnte behilflich werden bei der Interpretation der "Friseuse". Aparnakara Roy zeigt sich als vorsichtiger Regisseur, der seine Gruppe fordert, indem er sich selbst als Schauspieler "Chef" mit Direktion fordert. (Ich bedauere, dass wir abreisen müssen.)
Auch sonst fällt es mir nicht leicht, mich von Calcutta zu lösen, zumal mir diese Stadt durch das Zeichnen immer eindrücklicher wird. Heute früh skizziere ich diesen Mittelstreifen neben den Fahrbahnen:

Es sind diese Dramen der verelendeten Eigenleben, die wie resistente Idylle anmuten, zumal diese Pavement-Dweller (wie getrübt vom Verkehr, rauch Dorf-

Wohl aber fand die Aufführung des Trauerspiels »Die Plebejer proben den Aufstand« in bengalischer Übersetzung unter Werkstattbedingungen statt, weil ich bei den Proben dabei war und nach jahrelanger, vom Regietheater diktierter Zwangspause wieder einmal als Autor von den Schauspielern, vom Regisseur gefordert wurde.
Auch das war Werkstatt: die Probebühne auf einer mit Sonnensegeln abgeschirmten Dachterrasse. Die Selbstverständlichkeit, mit der das Ensemble den Aufstand der ostdeutschen Arbeiter aus dem Jahr '53 auf die kommunistisch regierte Metropole Calcutta übertrug. Wie sich Calcutta und Berlin, die deutsche und die bengalische Teilung einander näherten.
Damals trafen wir bei einem Besuch der Tagore-Universität Santiniketan zwei Sowjetrussen, die ihre Hoffnung auf den neuen Mann – Gorbatschow – konzentrierten; und auch wir begannen zu hoffen. Während der Probenarbeit an den »Plebejern« ahnte ich nicht, daß dieses Stück, im Rückblick geschrieben, Zukunft vorwegnahm; zweieinhalb Jahre später war es soweit.
Zeichnend hing mir Calcutta noch lange nach. Auch in der neuen Werkstatt in Behlendorf – ein ausgebauter Stall

Mit dem Regisseur Amitava Roy, »Die Plebejer proben den Aufstand«, Calcutta 1986

»Unterm Symbol« (Tusche), Behlendorf 1988

– zeichnete ich mit stinkender Tintenfischtinte, die in festverschraubten Marmeladengläsern aus Portugal, erprobt in portugiesischer Werkstatt, mitgebracht wurde. Dieser natürliche, bis zur Schwärze gerinnende Sepiaton eignete sich für die Calcutta-Motive, auch für Schrift, die sich aus Zeichnungen ergab. Zwischendurch wurde ich sechzig; ein Grund, Kinder und Kindeskinder um mich zu versammeln.

Umschlagentwurf, 1988 (oben)
Behlendorf 1987 (unten)

Zwischendurch – denn immer läuft etwas zwischendurch – probte ich mit Günter »Baby« Sommer, einem vielseitigen sächsischen Schlagzeuger, unser sozusagen gesamtdeutsches Programm ein: »Es war einmal ein Land«, in dem sich gelesene Texte aus den Romanen »Die Blechtrommel«, »Hundejahre« und »Die Rättin« zum Schlagzeug verhielten. Trommeln und Lesen, ein Dialog, der uns im Verlauf des Jahres '88 in vielen Städten vor Publikum brachte, nur in die DDR durften wir nicht einreisen; die zeigte sich zwar angeschlagen, blieb aber ängstlich zugeknöpft.

»Es war einmal ein Land«, Günter »Baby« Sommer und Günter Grass, Göttingen 1988

Wenn man von Zwischenspielen absieht, etwa von der Lesung der gesamten »Blechtrommel« an zwölf Abenden im Deutschen Theater Göttingen, einer Anstrengung, die ich mir schon lange gewünscht hatte, verlief der Übergang von Calcutta zum sterbenden Wald nahtlos. Dieses Thema wurde satirisch zum ersten Mal mit »Grimms Wälder« im Roman »Die Rättin« angeschlagen, nun sollte vor Ort, im Oberharz, Erzgebirge, in einem dänischen Mischwald und gleich hinterm Behlendorfer Haus, wo Wald dicht ansteht, gezeichnet werden, wie und wie unaufhaltsam der Wald stirbt.

Dieser Arbeitsprozeß zog sich bis in den Herbst '89 hin und verlief in seiner Schlußphase, als das Buch »Totes Holz« schon konzipiert war, parallel zum Zerfall des Staates DDR und dem beginnenden Anschluß an die Bundesrepublik, auch Wiedervereinigung genannt; ein Kahlschlag in zweierlei Hinsicht, der sich in den Bildtiteln des letzten Buchdrittels niederschlug: aphoristisch knapp gehaltene Texte, ergänzt durch Zitate aus dem Waldzustandsbericht der Bundesregierung.

Anfangs hatte ich noch versucht, mit Gedichten auf den sterbenden Wald zu reagieren. Doch was, wie folgend, in Strophen konzipiert war:

Immer aufrecht, gut erzogen.
Sachlage nun, wegräumen!

So licht geträumt, lyrischer nie
gelingen uns Wälder:
durchsichtig, demnächst gläsern
wie die Taschen der Volksvertreter.

Schlanker noch als gedacht,
spröde, dem Wind übers Knie,
schön bis zuletzt und frei endlich
vom Nutzen.

Wanderer, du hast sie liegen sehen,
wie das Gesetz es befahl.

fiel zwangsläufig auseinander, um als Bildtitel und im Nachruf »Die Wolke als Faust überm Wald« in andere Zusammenhänge zu geraten. Kohlezeichnungen und Zeichnungen mit Tintenfischtinte überwogen. Dazu Lithographien vor Ort auf Umdruckpapier gezeichnet.

Lithographie, Blatt VI der Mappe »Kahlschlag in unseren Köpfen«, Göttingen 1990

Wie angesichts der Wirklichkeiten in Calcutta konnte ich
– nun ins tote Holz verschlagen – nicht aufhören, zeichnend Zeuge zu sein.

Ab Frühling '90 anhaltend zwischen Stralsund und Leipzig unterwegs, quartierte ich mich in der Lausitz ein, um vom Grubenrand aus oder zwischen Baggerlöchern zerstörte und neuentstandene Landschaft, den Braunkohle-Tageabbau zu zeichnen. Tagsüber saß ich auf kahlge-

Lithographie »Mit Oskar ins tote Holz gehen«, für die »Aktion für mehr Demokratie«, Bundestagswahlkampf 1990, Behlendorf 1990

In der Lithographiewerkstatt des Steidl Verlages, Göttingen 1990 (oben), Lithographie, Blatt VII der Mappe »Kahlschlag in unseren Köpfen«, Göttingen 1990 (unten)

schrabbter Talsohle und sah auf Abraumkegel, die sich bis zum Horizont staffelten und schließlich in Dunst verloren; und abends las ich in Hoyerswerda oder Guben einem verstörten Publikum aus den »Plebejern«, dem bis vor kurzem verbotenen Theaterstück, vor.
Schon lange hatte der Verleger Theo Rommerskirchen für seine Edition »Signatur« um einen Band gebeten. Ich zeichnete für ihn mit Kohle und Blei eine Blattfolge, die vor dem Hintergrund der Braunkohlelandschaften mein Getier versammelte: die uralten Vögel, den Hahn, den Butt, die Doppelschnecke, die Ratten. Auch das tote Holz und Calcutta wollten für meine »Signatur« zitiert werden.
Den Abschluß bildet der über eine Abraumlandschaft geschriebene »Brief aus Altdöbern«, mit dem mein Werkstattbericht aus vier Jahrzehnten (vorläufig) schließen soll:

Brief aus Altdöbern

Meine uralten Vögel sind wieder da. Diesmal in neuer Landschaft zwischen Hoyerswerda und Senftenberg, wo die Braunkohle zutage tritt.
Zum 1. Juli einen Brief aus Altdöbern schreiben. Das liegt in der sandigen Lausitz. Gleich hinter der Frauenklinik bricht die Erdkruste ab. Ausverkauf im Industrieladen. (Zwei Wochen bevor die D-Mark die Macht ergriff, kaufte ich mir in Altdöbern einen Bleistiftanspitzer.)
Förderbänder, die ausgedient haben. Wessen Gedärm liegt zuhauf? Warten auf das versprochene Wunder. Draufzahlen! ruft jemand über Lautsprecher wiederholt: Draufzahlen!
Als ich aus Altdöbern schrieb und die Landschaft aufgeschlagen lag, schaute mir – wer alles – über die Schulter; und der Butt aus dem Märchen »Es war einmal« sagte ...
Schwarz, in sich vergafft: schwarz. Schwärze auf Lager. Unterhalb Pritzen kegelig schwarz. – Hau ab! Nichts zu

scharren, picken, treten hier. Nichts mehr zu holen. (Da kräht doch kein Hahn nach.)
Als ich, bevor Altdöbern im Kalender stand, auf Kammlagen im Oberharz, wo Deutschland an Deutschland grenzt, die Vorboten der Vereinigung sah: kopflos, auf halber Höhe gekappt ... Silbenschwund. Lautverfall. Die Wörter fielen mir aus. Allenfalls Ortschaften sind noch zu benennen: Das war im Erzgebirge nahe Zinnwald, Hemmschuh, Gottgetreu ...
Und als ich zurückkam, maulfaul inzwischen, und genug hatte vom toten Holz, lag im Kamin tot die Eule; dann, zwanghaft schon, wollte ein Birkenpilz allseits von sich, nur noch von sich reden. Das war im Jahr vier der Normalisierung nach Tschernobyl, als es uns wirtschaftlich besser und besser ging.
Doch immer noch wandern Ratten von rechts nach links, nun vor Landschaft in sandiger Lausitz, wo der VEB »Schwarze Pumpe« gen Himmel, doch nun gesamtdeutsch ...
Zwischen Hoyerswerda und Senftenberg, nahe Altdöbern: Sie hat uns überrundet, die Schnecke auf ihrer Kriechsohle, uns, die Weltmeister im Hoch- wie Weitsprung überrundet. (Jetzt hecheln wir ihrer Spur hinterdrein.)

Skizze aus dem Braunkohleabbaugebiet bei Altdöbern, 1990

Portugal am 31.12.89

Arbeitsplan für 1990

Januar: in Portugal: "Schreiben nach Auschwitz" 25 Seiten
"Rede für Tübingen" 7 Seiten
12 Zeichnungen: Blei und Grafit
Bildblock für "Totes Holz"
in Bohlendorf: Korrektur der Reden.
5 letzte Zeichnung für "Totes Holz".

[Notiz: Nachwort für "Totes Holz": 5 Seiten]

Februar: in Berlin: Vorzeichnung für DDR-Aufenthalte
in Frankfurt: Rede und Aribraval.
in Bohlendorf: Titelei für "Totes Holz"
in Leipzig oder Dresden:

[Notiz: Tagebuch: 230 Seiten, 30 Braun-Kohlezeichnungen, 20 Stadtzeichnungen, 12 Radierungen, 12 Gedichte.]

März: in Leipzig, Dresden, Berlin, Stralsund,
eine Woche in Bohlendorf.
April: in Berlin: Stralsund → Wahlkampfreise.
Mai: in Bohlendorf → Leipzig (mit Jakob und Leonore S.) Wahlnacht.
danach Berlin.
Juni: danach Senftenberg: Braunkohllandschaften.
danach Berlin – Bohlendorf.
Juli: Stralsund, Rügen, Berlin – Bohlendorf
August: Ferien in Mecklenburg und auf Rügen.
September: Berlin, Dresden, Plauen, Chemnitz, Meißen
Oktober: Bohlendorf – Buchmesse, Berlin: Wahlrede.
November: Wahlkampf in der BRD und Berlin.
Dezember: Wahlkampf, Ausstellungen. Wahlnacht in Leipzig.

Eigentlich war ich mir sicher, mit dem Roman »Die Rättin« und weiteren finalen Entsprechungen wie »Zunge zeigen« und »Totes Holz« das mir vorgegebene, nicht frei gewählte Thema, die Endlichkeit menschlicher Existenz, erschöpft zu haben. Ermüdet glaubte ich, die zeitgemäße und also beliebte Frage »Warum noch schreiben?« mit einer abschließenden Gegenfrage »Ja, warum eigentlich?« beantworten zu können. Auch schienen die zeichnerischen Grauwerte auf weißem Papier ausgereizt zu sein. Allem Tun klebte das Etikett sinnlos an, und alle Künste waren nur noch als routinierte Wiederholung möglich. Dann aber brachte ein sich überstürzender Prozeß, bündig »Deutsche Einheit« genannt, die östlichen und westlichen Wirklichkeiten und mit ihnen auch meine Gewißheiten ins Wanken. Was ich seit dem Aufenthalt in Calcutta mangels Dringlichkeit nicht mehr getan hatte, ich schrieb Tagebuch, reiste mit meiner Kladde durch die sich neu gründenden ostdeutschen Länder, erlebte, welche Folgen es hat, wenn der revolutionäre Ruf »Wir sind das Volk!« in die Behauptung »Wir sind ein Volk« regelrecht umgemünzt wird und sodann als rechtskräftige Enteignung sogar die Biographien der Neubürger erfaßt. Die äußerlich friedfertige Besitznahme erlaubte gewalttätigen Zugriff.
Also schrieb und hielt ich Reden gegen den Wind gesprochen, die einen »deutschen Lastenausgleich« forderten, »Ein Schnäppchen namens DDR«, auch »Einige Ausblicke vom Platz der Angeschmierten« und »Kurze Rede eines vaterlandslosen Gesellen« hießen und die allesamt, wenngleich sie ihr Publikum fanden, nichts Erkennbares bewirkten. Der Zug, so hieß es, sei abgefahren. Niemand könne ihn aufhalten. Es war die Saison jener unbeirrbaren Bahnhofsvorsteher – sie mochten Kohl oder Augstein heißen –, die jeder zu erahnenden Fehlentwicklung mit forschen Erklärungen voneweg sind. Es war die Stunde der Sieger, nach der sich, kaum war sie vorbei, zeigen sollte, wie dumm das Siegen macht.
Dann wollte ich nicht mehr reden und reden. Tagebuch-

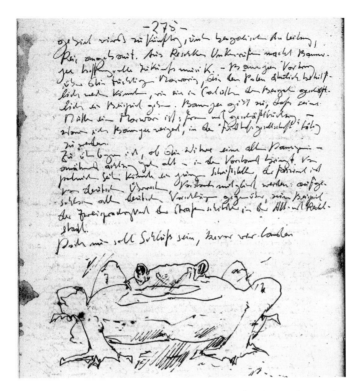

notizen kündigten in Schüben, schließlich unabweisbar eine Erzählung an, in der einem betagten Paar, das sich herbstlich in Liebe findet, beiläufig die völkerverbindende Idee einer »Deutsch-Polnischen Friedhofsgesellschaft« kommt, eine Idee, die sogar Wirklichkeit gewinnt, dann aber zuschanden wird, scheitert.
Schon im handgeschriebenen Manuskript setzten erste Krötenzeichnungen dinglich Akzente: Skizzen für spätere Radierungen und großformatige Blätter. Im Tagebuch steht, gleich zu Beginn des Jahres '90, während ich in Portugal an einem längeren Vortrag, der Frankfurter Poetikvorlesung »Schreiben nach Auschwitz«, arbeitete, unter dem Datum 2. Januar: »Es sollten wohl doch eine Witwe Piątkowska mit einem Witwer namens Alexander Reschke auf Allerheiligen in Gdańsk, und zwar in den Dominiksmarkthallen, einander begegnen, beim Blumen-

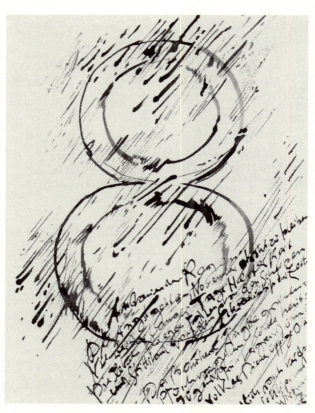

kauf …« Und am Vortag: »… am Abend die Kröte im Innenhof. Groß wie ein ausgewachsenes Meerschweinchen, ist sie zwar keine von jenen Unken, die im letzten Herbst, sobald es dunkelte, von nah und fern riefen: Unkenrufe …«

Nach weiteren Eintragungen zum Entstehen dieser Erzählung deuten fast gleichzeitig erste Hinweise und Ideensplitter auf einen Roman hin, an dem ich, kaum waren die »Unkenrufe« erschienen und hatten das landesübliche Echo gefunden, mit noch tastenden Recherchen zu arbeiten begann.

Zwischendurch und angestoßen von Mord- und Brandanschlägen, die in Ost und West gezielt ihren Ort fanden und deren Opfer Ausländer waren (so auch in meiner

Nachbarschaft, in dem idyllischen Städtchen Mölln), schrieb ich unter dem Titel »Novemberland« dreizehn Sonette, deren Nummern zu Zeichnungen gerieten. Warum Sonette? Die breitgestreut unterschwellige Abwehr gegen alles, was fremd ist, so aussieht und angeblich fremden Geruch mit sich bringt, zudem die regierungsamtliche Härte Asylsuchenden gegenüber, diese diffuse Gemengelage verlangte nach einer strengen Form.
Doch dann wuchs sich der Roman »Ein weites Feld« aus, anfangs unter dem Arbeitstitel »Treuhand«. Weil aber seit der Monate in Calcutta ein Schriftsteller des neunzehnten Jahrhunderts, Theodor Fontane, im Tagebuch auf Anwesenheit, im Roman auf Handlung in Gestalt eines Wiedergängers bestand, übernahm ich ein »Effi Briest«-Motto als Leitmotiv und Titel, nunmehr dem ersten (1871) und zweiten (1990) Versuch deutscher Einheit als Maßstab gesetzt.
Bald zeigte sich, daß den notwendigen Recherchen an Ort und Stelle (Treuhandgebäude, Fontane-Archiv in Potsdam) die Person meines Namens eher hinderlich war; ein frischbetitelter Germanist, Dieter Stolz, wurde für mich als Undercover-Agent tätig. So blieb die handschriftliche Manuskriptarbeit, die wieder von Zeichnungen durchsetzt war, bis zur Veröffentlichung des Romans von vorgefaßten Beurteilungen unbehelligt. Dazu mußte die Werkstatt, sei es in Behlendorf, sei es in Dänemark oder Portugal, gleich einer Klausur dichtgehalten werden. Allein das Tagebuch war Gesprächspartner und meldete die Bewegungen auf der mir seit Jahrzehnten vertrauten und doch immer wieder neues Gelände zeichnenden Kriechspur.
Zweite, dritte, vierte Fassung. In Pausen und um Abstand zur Olivetti auf dem Stehpult zu nehmen, arbeitete ich bei seitlichem Nordlicht an großformatigen Kohlezeichnungen, die das im Roman vergatterte Paar, Fonty und seinen Tagundnachtschatten Hoftaller, in Szene setzten und variierten. Auch entstanden Lithographien. Oft gaben die Zeichnungen Anstöße für später geschriebene

[Handschriftliche Notizen:]

Treuhand - Material

1. Zeitungsartikel (Wirtschaft) zur Währungs-union. Geister-Wortlaut.

2. Ausstand der Einheitlichkeiten am 2/3 Oktober in Zeitungsberichten.

3. "Hösmann"-Material zum Reichsluftfahrtministerium von 1935 - 1945 "Hösmann"-Material zum "Haus der Ministerien"

4. "Zeitungsberichte" zu Bord an Rohrwerken

5. erste Treuhand-Skandal-Fälle (90/91)

6. Fontane als Akademie-Sekretär Konflikt mit Storch (Wissenschaftliche d. Seele?)

7. Fontane in französischer Gefangenschaft (Wissenschaftlich d. Seele?)

Kapitel, in denen das ungleiche Paar sich situationskomisch bewegt, in langer Reihe davonzukommen versucht, sich als Masse ballt oder unter Regenschirmen den Rand eines Kraters säumt.

Im Verlauf der Jahre hatte ich mehrere Olivetti-Reiseschreibmaschinen gehamstert, desgleichen Farbbänder, weil beides nicht mehr im Handel ist. Auf meine Werkstattplätze verteilt, erlauben sie mir, mit leichtem Gepäck zu reisen und den häufigen Ortswechsel als gewohnt zu empfinden. Überall sind Papier, Kohle und Bleistifte, Nordlicht vorrätig.

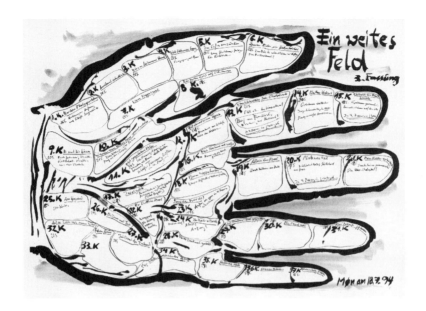

Werkplan zu »Ein weites Feld«, Møn 1994 (oben),
Lithographie »Unterm Schirm«, 1995

Manuskript »Ein weites Feld« (erste Fassung), Behlendorf 1993

Manuskript »Ein weites Feld« (erste Fassung), Behlendorf 1993

Als der Roman seinen Umschlag hatte und im August 1995 erschien, überraschte mich die kritische Reaktion westdeutscher Feuilletons mit Ausbrüchen maßlos gesteigerter Wut. Offenbar hatte ich den Siegern der Geschichte und deren beflissenem Anhang in die Suppe gespuckt. Zwar waren mir seit »Blechtrommel«-Zeiten wütende und oft hirnlos anmutende Reaktionen erinnerlich – sich christlich nennende Jugendliche verbrannten, irregeleitet von ihrem Pfaffen, 1963 am Rheinufer bei Düsseldorf mit anderen Büchern meinen Roman »Hundejahre« –, doch diesmal ging es mit erwachsenem Kalkül zu: das Magazin »Der Spiegel« zeigte auf seiner Titelseite einen als namhafte Person erkennbaren Wüterich, der meinen Wälzer – immerhin 800 Seiten stark – mit deutlich zur Schau getragenem Vernichtungswillen zerriß.

Welch ein barbarischer Kraftakt! Doch hat der Roman die Anstrengung des Eiferers überlebt. Die Leser in Ost und West ließen sich nicht beirren. Inzwischen hatten der Steidl Verlag und mein Lektor, Helmut Frielinghaus, elf Übersetzer nach Göttingen eingeladen, wo sie sich eine Woche lang gemeinsam mit dem Autor Seite für Seite durch den Roman bewegten und knifflige Fragen stellten. (Eine Praxis, die ich seit dem Roman »Der Butt« zuerst mit dem Luchterhand Verlag, dann mit Gerhard Steidl vertraglich abgesichert hatte.) Nur so können rechtzeitig Fehler vermieden, kann Mundartliches erklärt, auf Doppeldeutiges aufmerksam gemacht werden. Doch wie sollte, in elf und mehr Sprachen übertragen, der Titel des Romans annähernd vieldeutig bleiben?

Nachdem die Übersetzer ihren Autor ausgequetscht hatten, reisten sie ab und machten sich an die Arbeit. Ich jedoch stand ohne Manuskript da: wieder einmal enteignet, zudem leergeschrieben und als Zeichner um letzte Grauwerte gebracht. Da kam Hilfe aus der Requisitenkammer der Mythologie. Eine der vom vorherrschenden Kunstverstand längst abgemusterten Musen muß mich angestoßen und ermuntert haben, meinen seit den sech-

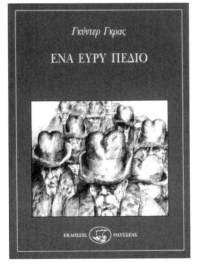
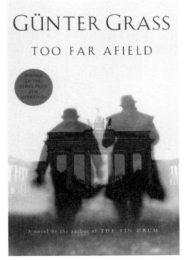

»Ein weites Feld« in niederländischer, finnischer,
griechischer und englischer Übersetzung

ziger Jahren verstaubten Aquarellkasten vorzukramen. Nach grau-braun-blaugrünem Vorspiel (als Nachklang zum Thema Fonty und Hoftaller) war es jener dänische Wald namens Ulvshale Skov, in dem ich vor Jahren gestürzte Bäume für den Band »Totes Holz« gezeichnet hatte, der mir nun überlebende Natur als Anschauung bot. Ich aquarellierte glattstämmige Buchen, ohne nach den Ansprüchen gegenwärtiger Kunsterwartung zu fragen, und erlebte mich, den jeweils individuell auftretenden Bäumen gegenüber, annähernd glücklich, weil allen auf Literatur abonnierten Kopfgeldjägern zumindest zeitweilig entkommen.

Das Aquarell erlaubt keine spitzfindigen Nebengedanken. Wie kaum eine den Künsten vorausgesetzte handwerkliche Fähigkeit verlangt die Arbeit mit Wasserfarben das Wechselspiel von zögerndem Abwarten und schnell entschlossener Farbgebung. Feucht in feucht. Oder im Halbtrocknen satt vor hell ausgespartem Hintergrund. Keine dem Zeichner geläufigen Konturen. Und immer mit Blick auf die Natur, der mehr an Form und Farbe einfällt, als sich unsere spekulierenden Köpfe ausdenken können.

»Buchen« (Aquarell), Møn 1995

Mit dem Aquarellkasten ging ich sogar auf Reisen. Als ein kurzer, dann ein längerer Krankenhausaufenthalt notwendig wurden, nahm ich ihn mit, ohne jedoch eine der Farben anzurühren. Dennoch aquarellierte ich bis in die Träume hinein, die aber keine fertigen Bilder zuließen: alles zerlief. Im Tagebuch steht: »Zähle mir auf, was wichtig ist. Weiß nicht, ob ich (und um welchen Preis) das Rauchen aufgeben soll. Dämmerte heute (bei der Nuklearmedizin) vor mich hin und sah mein Krankenbett im verschneiten Obstgarten ...« Später habe ich auf Einladung der Medizinischen Universität Lübeck in jenem mir nun vertrauten Klinikum vor Studenten, Ärzten, Krankenschwestern und Patienten sechs Vorlesungen als Werkstattbericht gehalten, deren Videoaufzeichnung vom Steidl Verlag in einer Kassette versammelt und dem Buchhandel angeboten wurde.

Tagebuch vom 10. Januar 1996

Im Frühjahr 1996 mischten sich kurz nach einer Reise mit meinen drei Töchtern nach Umbrien (und vielleicht freigesetzt durch diesen privaten Dreiklang) Worte ins Aquarell. Bis in den Winter hinein entstanden Vier-, Fünf-, Siebenzeiler, deren erste Fassungen mit Pinselschrift ins noch feuchte Motiv fanden. Gegenstände, die mich seit Jahrzehnten umgaben: mein Bildhauerknüppel, Schlüssel, ihrer Häuser verlustig, meine alte Olivetti, rostige Nägel handgeschmiedet, der Topf voller Bleistifte und meine vergilbte Jacke an der Wäscheleine. Wiederentdecktes, aber auch neue Fundsachen waren Anlaß für Text und Bild. Dazu Landschaften, die mir vertraut waren: die dänische Sommerinsel Møn, der Obstgarten ums Behlendorfer Haus und Rapsfelder bis zum Kanal hin, die Zuflucht in Portugal, wo Fische und Fischgräten, meine Fußspuren als Strandläufer, auch ein Kaninchen, das Sonntag hieß, Motiv wurden.
»Aquadichte« nannte ich die neugewonnene lyrische Form, ein Begriff, der der Schulgermanistik kaum handlich sein wird. Wortwörtliche Einfälle, die sich zur Schau stellen. Selten ist mir ein Werkstück so unbekümmert, Blatt nach Blatt, von der Hand gegangen – alle im Hochformat, dem Buchformat (24 mal 31) entsprechend. Links sollten die Aquadichte als »Fundsachen für Nichtleser« – »... was jenseits der Buchstaben ins Auge fällt, dieses Dingsda oder Krümel, die ein Radiergummi hinterließ ...« – die Seite füllen, rechts der Text in letzter Fassung gedruckt stehen, umgeben von viel weißem Raum. Doch nicht alle Vier- und Fünfzeiler fanden ins Buch, manche blieben zwischen anderen Entwürfen liegen, etwa diese:

H. M. nachgerufen

Dein Räuspern zwischen Halbsätzen gefiel.
Oder schüchternes Lächeln,
sobald dir ein Witz
besonders heillos gelang.

Karasek

Ich meine den Bruder,
der sich aufrieb
und nie käuflich war,
während der andere
sich verplapperte,
billig zu haben.

»Nach der Arbeit« (Aquarell), Behlendorf 1996

Janssen in Hamburg

Welche Verschwendung.
Und die Stadt zu ärmlich
für das unmäßige Geschenk.
Zum Glück starb er schweigend
und ersparte den Bürgern Unflat.

Der Freund

Rühmkorf war hier.
Wir redeten drauflos.
Sein Tagebuch profitierte.
Und auch sonst pflegten wir
das Spargelbeet unserer Freundschaft.

Am Ende waren es hundertsechzehn einen Jahresverlauf spiegelnde Fundsachen, die für den Druck freigegeben wurden. Und was ich mir bereits Ende Mai im Tagebuch versprochen hatte, »Das Buch soll ein Juwel werden, etwas, das ich mir zum siebzigsten Geburtstag schenken möchte ...«, war im April '97 so gut wie eingelöst: Ich konnte bei meinem Verleger, der zugleich Drucker ist, die Gestaltung des Buches korrigierend bis zum Andruck begleiten. Indem ich bei mir nachschlage, lese ich: »Nun hängen die ersten acht Bögen in meiner Werkstatt. Ich bin beglückt von der Qualität, aber auch, weil ich die (verkleinerten) Motive nun zu einem Teil wieder um mich habe ...«
Unterm gleichen Datum meldet das Tagebuch bereits »die Wiederkehr der Idee, ein Buch über das zu Ende gehende Jahrhundert zu schreiben: 99 Geschichten, dazu skizzenhafte Zeichnungen, Aquarelle. Doch noch ist all das undeutlich. – Das Wetter ist zu kalt für die Jahreszeit. Der Frühling zögert vor sich hin ...«

Nach erster Notiz vom 6. Januar '97 sollte das geplante Buch »Verjährte Geschichten« heißen und eine weibliche Erzählerin (hochbetagt) zur fiktiven Autorin haben. Es ging darum, den Schutt eines Jahrhunderts Schicht nach Schicht freizulegen. Doch bevor ich diese Halde von abgelagertem Material sichten konnte, kam Zuspruch von außen. Drei Dankesreden mußten geschrieben werden, eine für den Sonning-Preis, verliehen von der Universität Kopenhagen, eine weitere für den Fallada-Preis, verliehen in Neumünster, wo Hans Fallada intensive Bekanntschaft mit dem Gefängnis gemacht hatte, und eine dritte für den Thomas-Mann-Preis, verliehen in Lübeck, einer mich an Danzigs Größe und Enge erinnernden Stadt, in der ich inzwischen, von Berlin weg, mein Sekretariat eingerichtet hatte.
Welch ein Wechselbad! Nach infamen Kränkungen kamen nun Ehrungen zuhauf. Die Dankesrede für den Thomas-Mann-Preis habe ich während eines der Aufenthalte im Klinikum Lübeck nach der wiederholten Lektüre des Wälzers »Joseph in Ägypten« entworfen. Doch bevor ich meine Rede vortragen durfte, sprach der Schweizer Schriftsteller Adolf Muschg eine kenntnisreiche und kollegiale Laudatio.
Danach war der intensiven und durch nichts zu unterbrechenden Arbeit an der vorgefaßten Idee, auf daß »Verjährte Geschichten« zu »Mein Jahrhundert« wurden, nicht mehr auszuweichen. Beim Recherchieren des oft entlegenen Materials half mir diesmal ein arbeitsloser Historiker, Olaf Mischer, der Jahr für Jahr meinen Vorgaben folgte. Einerseits hatte ich mich, um nicht ein beliebiges Mosaik zu fertigen, unter den Zwang der Chronologie begeben, andererseits eilten die Bildmotive oft den geschriebenen Entwürfen des Geschehens um Jahre voraus. Es sollte ein vielstimmiges Konzert werden. Geschichten aus Sicht und Erfahrung der Opfer und Täter, der Mitläufer und Parteigänger, der Jäger und Gejagten, all jener, die nicht Geschichte gemacht hatten, denen aber unausweichlich Geschichte widerfahren war, Männer

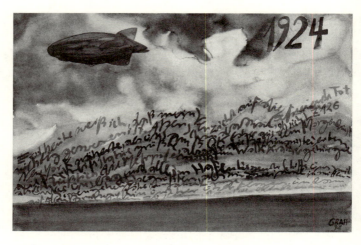

und Frauen, Junge und Alte, die sich hier schummelnd, dort übergenau erinnerten, mal nach frischer Tat, mal aus verjährter Distanz. Den sächsischen, bayerischen Mief zum Sprechen bringen. Der Ruhrpott, Berlin, Kölns Klüngel sollten sich ausplaudern. Reizvoll war es, aus wechselnder Perspektive durch die Jahrzehnte Fußballmeisterschaften nachzuspielen, die Entwicklung männlicher Kopfbedeckungen von der Kreissäge zur Pickelhaube, vom Stahlhelm zum DDR-Helm der Nationalen Volksarmee aus jeweils betroffener Sicht zu erzählen oder Schriftsteller, gegensätzlich beschaffen – Brecht und

Aquarelle zu »Mein Jahrhundert«, 1997

Benn, Jünger und Remarque –, ins Gespräch zu bringen und von Geschichte zu Geschichte als Erzähler in jeweils andere Haut zu kriechen.

Diesmal nahmen die den Jahresgeschichten zugeordneten Aquarelle außer der Jahreszahl keinen Text auf, sparten aber für die zu druckende Prosa weißen Raum aus, so daß bei der Vorbereitung des Druckes nur selten das Bildmotiv verkleinert, vergrößert, beschnitten werden mußte. Abermals machte ich die beglückende Erfahrung, einem Verleger durch Vertrag verbunden zu sein, der zugleich leidenschaftlicher Drucker ist; mit ihm gemeinsam konnte ich für das Buch als hergestelltes Produkt verantwortlich zeichnen.

Leergeschrieben, wieder einmal. Gut, daß es mir möglich war, den Aquarellkasten feucht zu halten. Ich blieb in Übung, indem ich ein Plakatgeschenk mit Gelegenheitsgedichten vorbereitete: »Sieben ältliche und aufgefrischte Rezepte für Peter Rühmkorf zum siebzigsten Geburtstag angerührt und ins Bild gebracht«.

Im Steidl Verlag, Göttingen 1999

Was Freud nicht wußte

Mit Feuersteinen,
zum Kreis gelegt,
einen Traum bannen.

Verhütet Zahnschmerz

Von rechts- wie linksgewickeltem Stacheldraht
den Rost bürsten, diesen im Wasserglas
mit hochprozentigem Alkohol verrühren,
damit vor jedem Schluck die Mundhöhle spülen.

Gut gegen Schnupfen

Eine luftgetrocknete Kröte
zur Winterzeit im Mörser zu Pulver stoßen,
das, in einen Beutel gefüllt,
unters Kopfkissen gelegt wird.

Haussegen

Den Hammer, der es noch tut,
die Sichel, die nichts mehr taugt,
über die Tür gehängt: schützt vor Besuch
und schreckt sogar Asseln ab.

Steif und fest behauptet

ist es nicht die Chemie, sondern Natur,
die den besonderen Pilz treibt,
der uns – mit Vorsicht genossen – erlaubt,
dem Alter aufrecht zu widerstehen.

Vorsorge

Mit heißer Milch
Gummistiefel ausspülen,
diese hinter sich schütten,
so Spuren verwischen.

In Reimen angeraten

Ein Vogelnest bis zum Rest
langsam zerkaut, gründlich verdaut,
beflügelt Peterlein ungemein.

Dann stand wieder einmal ein Preis ins Haus, diesmal ein spanischer, den der Prinz von Asturien gestiftet hatte. Also war für die Preisverleihung in Oviedo eine Dankesrede fällig, die unter dem Titel »Literatur und Geschichte« stehen sollte. Damit war es nicht genug: während in der Bildband- und in der Textausgabe »Mein Jahrhundert« Auflage nach Auflage junge und alte Leser fand, fiel in Stockholm eine Entscheidung, für die ich im Verlauf von zwanzig Jahren Mal um Mal als Kandidat gegolten hatte.
In meinem Sudelbuch steht: »Vor zehn Tagen kam der Nobelpreis über uns. Seitdem keine Minute am Stehpult. Berge freundlicher, zustimmender Post. Das Telefon blockiert. Und doch versuchen Ute und ich unser Leben zu führen; aneinandergelehnt ... Es ist gut, daß ich erst jetzt, altersgewitzt, den Preis bekomme; als Vierzig- oder Fünfzigjähriger wäre er mir zur Last geworden. – Jetzt will ich mit gestärkter Stimme meine Sache betreiben: auf der Buchmesse werde ich mit Hermann Scheer, der für seinen Einsatz für Sonnenenergie den Alternativen Nobelpreis bekommt, auf einer gemeinsamen Pressekonferenz Rede und Antwort stehen ...« Und dann ist zu lesen: »Aber ich freue mich auch ... Dieter Stolz war hier

> **SVENSKA AKADEMIEN**
> har vid sin sammankomst
> den 30 september 1999
> i överensstämmelse med
> föreskrifterna i det av
> **ALFRED NOBEL**
> den 27 november 1895 upprättade
> testamentet beslutat att 1999 års
> Nobelpris i litteratur skall tilldelas
>
> **GÜNTER GRASS**
>
> "för att i muntert svarta fabler
> ha tecknat historiens glömda
> ansikte"
>
> • Stockholm den 10 december 1999 •

und brachte Ablichtungen aus dem Berliner Akademiearchiv: Entwürfe aus den fünfziger Jahren, schwer zu entziffern, unter ihnen zwei, drei frisch gebliebene Gedichte und ein Prosafragment. – Noch immer bossel ich an der Rede für den ›Prinz von Asturien‹-Preis. Nach der Messe will ich in Portugal, also in Ruhe, an der Rede für Stockholm arbeiten. – Und Ute freut sich (fast kindlich) mit mir. Flimms Schneider vom Thalia-Theater wollen mir einen Frack verpassen …«

So geschah es. Und welch ein Vergnügen sollte es werden, die Söhne und mich so einmalig und streng nach schwedischem Protokoll verkleidet zu sehen. Mein gleichaltriger (bereits vor Jahren genobelter) Kollege Gabriel García Márquez schickte mir ein Glückwunschtelegramm: »... eines habe ich Dir voraus: Ich weiß, was jetzt auf dich zukommt ...« Er sollte recht behalten. Einladungen gehäuft, Schirmherrschaften im Dutzend, Geldwünsche mehr oder weniger begründet.

Entwurf zur Nobelpreisrede (oben),
Mit den Söhnen Franz und Raoul, Stockholm 1999 (unten)

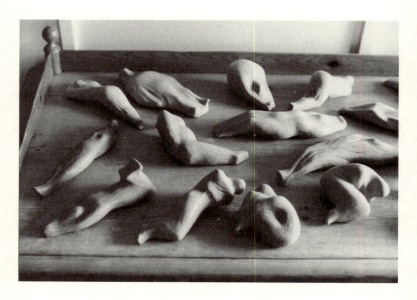

Die Folge des während Monaten andauernden, nicht ganz konsequenten Neinsagens war ein satter Ruhm- und Schreibekel, der mich mir und Ute unausstehlich machte, bis die Rückbesinnung auf früh erlernten, zuletzt Anfang der achtziger Jahre geübten Umgang mit Töpferton behilflich wurde. Terrakotta! Dieses seit Menschengedenken gottähnliche Handwerk. Köpfe wie Vasen hohl aufgebaut aus rotbrennendem Ton. Was im Fernsehen und in Zeitungen tagtäglich Anschauung war, die Leichen der Bürgerkriege anonym unter Tüchern gereiht, wurde mir zum Motiv. Weißbrennender Ton, dünn glasiert. Stehend arbeiten. Wie am Stehpult, so jetzt vor der Drehscheibe. Das Auge nur noch auf plastische Abläufe gerichtet. Und keine Schreibzwänge mehr, auch wenn die eine, die andere Stoffmasse nach erster Vermessung verlangt, Ideen anklopfen, überhört werden und doch immer wieder (und penetrant) meine Werkstatt heimsuchen, hoffend auf ein sechstes Jahrzehnt ...

»Leichenfeld«, Terrakotta, 2000

Lithographie »Küchenzettel«, 2000

Der erste Teil dieses Werkstattberichts (bis einschließlich des
»Briefes aus Altdöbern«) erschien im August 1991 unter dem Titel
»Vier Jahrzehnte«, herausgegeben von G. Fritze Margull. Die Fortschreibung entstand um den Jahreswechsel 2000/2001.

Fotonachweis
Ludwig Binder: S. 37; dpa: S. 40; Fotoarchiv Günter Grass: S. 5,
8 o.r., 16, 76 o., 76 u., 95; Ute Grass: S. 91, 97; Renate von
Mangoldt: S. 18; Pronob Mukerjee: S. 93; Foto Rama: S. 8 u., 13,
31, 35, 79 o.l., 79 u.; Maria Rama: S. 54, 65, 79 o.r.; Dirk Reinartz:
S. 121; Gerhard Steidl: S. 96, 100, 125, 126
Umschlagfoto: Dirk Reinartz

editionWelttag
Herausgegeben vom Börsenverein des Deutschen
Buchhandels e. V. in Zusammenarbeit mit dem
P.E.N.-Zentrum Deutschland

© 2001 Steidl Verlag, Göttingen
© 2001 Verlag Buchhändler Vereinigung
Alle Rechte vorbehalten

Lektorat: Daniela Hermes
Gestaltung & Einband: Konstanze Berner, Frankfurt am Main
Produktion: Bernard Fischer
Gesetzt aus der Gill und der Stempel Garamond
Satz und Litho: Gerhard Steidl, Druckerei und Verlag, Göttingen
Druck und Bindung: Franz Spiegel Buch GmbH, Ulm
Printed in Germany 2001

ISBN 3-7657-2315-0

www.welttag-des-buches.de